ABBÉ L. PAULET

LA
PRIMATIALE

OU

Monographie historique et descriptive
de la Basilique
Saint-Trophime d'Arles

AVEC LA COLLABORATION POUR LES DOCUMENTS

DE

Émile FASSIN

BERGERAC

IMPRIMERIE GÉNÉRALE DU SUD-OUEST (J. CASTANET)

Place des Deux-Conils

—

1910

LA PRIMATIALE

Abbé L. PAULET

LA
PRIMATIALE

ou

Monographie historique et descriptive
de la Basilique
Saint-Trophime d'Arles

AVEC LA COLLABORATION POUR LES DOCUMENTS

DE

Émile FASSIN

Extrait du « Bulletin du Vieil Arles »

BERGERAC

IMPRIMERIE GÉNÉRALE DU SUD-OUEST (J. CASTANET)

Place des Deux-Conils

—

1910

AVANT-PROPOS

Dans une lettre adressée en 1838 à M. le Comte de Montalembert par M. Didron, secrétaire du Comité historique des Arts et Monuments (1), on lit avec quelque surprise l'affirmation suivante : « La ville d'Arles, qui, en cela du reste, imite la France entière, a bien plus de piété pour ses monuments payens que pour ses monuments chrétiens, pour ses Arênes et son Théâtre que pour Saint-Césaire et Saint-Honorat. »

Il nous est difficile de souscrire sans réserve au jugement porté par le distingué secrétaire par rapport aux monuments religieux en général, moins encore en ce qui concerne l'église de St-Trophime en particulier. Après avoir été témoin des grands travaux de restauration faits dans la Primatiale avec le concours des édiles, à la satisfaction universelle, après avoir passé près de vingt années auprès de la population arlésienne, nous avons conservé une impression toute différente. Aussi avons-nous confiance que la Monographie de St-Trophime *recevra un accueil favorable dans ce milieu, sinon pour le mérite de l'œuvre, du moins à cause du sujet qui y est traité.*

Pourtant il nous semble entendre tout d'abord une réflexion de la part de certains qui ont lu avec intérêt et

---

1. Cette lettre a paru dans le *Publicateur* du 18 Janvier 1839.

profit d'autres écrits sur le même monument : « Encore un livre sur St-Trophime ! » Notre réponse sera brève : Le travail que nous présentons au public n'est pas un ouvrage dans lequel nous nous bornions à reproduire ce que d'autres ont publié, quelques-uns avec un véritable talent ; c'est une Etude Nouvelle sur la Primatiale, si intéressante au point de vue architectural, décoratif et historique, formant un tout complet, quoique abrégé, puisque nous avons tenu à ne relater que les faits dont le souvenir mérite d'être conservé.

L'utilité de cette publication ressort d'ailleurs naturellement de cette simple considération que l'Eglise de St-Trophime touche par ses plus profondes assises au Ier siècle de l'ère chrétienne, que chaque siècle y a mis sur la pierre son empreinte pendant les 1900 ans de son existence, selon la remarque judicieuse de M. l'abbé Pougnet ; que les descriptions, même les plus récentes, sont ou fautives du côté mobilier au moins, à cause des changements importants opérés depuis peu d'années, ou trop savantes pour le vulgaire.

Notre but est donc de mettre à la portée de tous la connaissance de cet édifice si aimé sous le nom populaire de « Grando Gleïso », si glorieusement mentionné dans les grands poëmes de F. Mistral, et de fournir aux visiteurs quels qu'ils soient, toutes les indications les plus exactes sur le monument, y compris le Porche et le Cloître, sur chacune de ses chapelles intérieures, sur les faits les plus marquants de son histoire, et sur la partie décorative.

A cet avantage s'ajoute encore celui de fortifier nos traditions en faveur de l'Apostolicité de la religion chrétienne en Provence. Ce double résultat, si nous l'atteignons, sera, sinon un mérite pour nous, du moins notre excuse d'avoir composé la « Monographie de St-Trophime. » Dès lors, il est tout naturel que nous déclarions ne vouloir en aucune façon imiter l'exemple des auteurs qui n'ont parlé que de l'église actuelle, s'imposant comme limite l'épo-

que approximative de sa construction, sous prétexte que ce serait se lancer dans le domaine des hypothèses que de s'occuper des églises qui l'ont précédée avec le même titulaire, d'après la Tradition.

Avec M. Faillon, M. Revoil, M. Pougnet, M. Bernard, M. A. Véran, nous remonterons le cours des siècles jusqu'à l'origine du christianisme dans les Gaules, et avec ces hommes érudits et beaucoup d'autres, guidés par la Tradition, nous nous occcuperons successivement des trois églises qui, l'une après l'autre, ont eu le même emplacement, et ont abrité les chrétiens réunis dans leurs murs, du 1ᵉʳ au 20ᵉ siècle, à savoir :

1° l'Oratoire de St-Etienne, du 1ᵉʳ au 4ᵉ siècle.

2° la Basilique Constantinienne de St-Marin, du 4ᵉ siècle à la fin du 6ᵉ ;

3° la Basilique virgilienne, du 7ᵉ au 20ᵉ siècle, plusieurs fois modifiée.

En résumé, dans une 1ʳᵉ partie, nous allons nous occuper du monument considéré en lui-même, et de son histoire ; dans une seconde partie, nous donnerons place aux détails secondaires, dont la connaissance est intimement liée à celle de l'édifice.

LA PRIMATIALE

OU

Monographie historique et descriptive de la Basilique
Saint-Trophime d'Arles

Première Partie

LE MONUMENT

CHAPITRE PREMIER

Oratoire de Saint-Etienne

(DU Ier AU IVe SIÈCLE)

I

Après avoir achevé la conquête d'un pays, Rome
le faisait occuper militairement, soit pour mieux tenir
ses habitants sous sa domination, soit pour se ménager
le moyen d'étendre toujours plus loin son empire. Tel
fut le procédé employé dans la Province, appelée plus
tard la Provence.

Dans la seconde moitié du siècle qui précéda la naissance de J.-C., et presque en même temps, la ville d'Aix
et celle d'Arles reçurent une colonie militaire, tirée de

la 25ᵉ légion pour Aix, et de la 6ᵉ pour Arles. On pourrait se demander si l'établissement des légionnaires à Arles, l'an 46, par Claudius Tibérius Néron, questeur de Jules César, eut pour but de reconnaître le service rendu par cette ville au général romain, en lui livrant douze vaisseaux construits en 30 jours dans les chantiers du Rhône, destinés à presser le siège de Marseille, qui avait pris parti, dans la guerre civile, pour Pompée, son rival.

Dès lors, la ville d'Arles subit une transformation importante. A l'aspect d'une ville maritime, entourée par les eaux de nombreux étangs, et baignée par le Rhône, comme l'indique l'étymologie celtique de son nom (ar laith), s'ajouta la physionomie d'un camp fortifié.

Son emplacement, en tant que ville ligurienne, répondait à peu près au quartier de la Roquette. Un peu plus vers le nord fut établie la cité romaine pour le logement des vétérans de Néron. Voici, d'après A. Véran, la description de ce camp retranché :

« La majeure partie des grandes et solides murailles de ce camp existe encore et forme l'assiette la plus vigoureuse de nos remparts... Elles apparaissent dans le presbytère de Saint-Julien, sous les fondations de l'Amphithéâtre, sur le sommet de la rue de la Roque ; elles se développent sur toute la ligne qui fait face au cimetière, retournent à angle droit sur l'avenue de la Porte de l'Aure, où elles disparaissent pour reparaître dans la rue des Prêtres (du Cloître), d'où elles se continuaient devant le collège pour retourner dans la rue Beaujeu, et aller rejoindre le Rhône... »

Peu à peu cette enceinte se peupla des édifices ou monuments que les Romains élevaient partout où ils s'établissaient, à savoir: des temples pour y honorer la divinité, des théâtres et autres lieux destinés au plaisir, des palais pour les gouverneurs, les magistrats, un Forum pour y traiter les affaires, etc.

Or, parmi ces édifices, celui qui seul nous intéresse au commencement de cette étude, existait à l'endroit occupé aujourd'hui par l'église primatiale Saint-Etienne-Saint-Trophime, par le cloître, l'archevêché et leurs dépendances ; il était destiné au logement luxueux du gouverneur chargé d'administrer le pays au nom du peuple conquérant. Pendant que les ouvriers en posaient la première pierre, Dieu qui avait secondé le développement de l'empire romain pour favoriser l'œuvre de J.-C., et frayer la voie au christianisme, Dieu qui mène toujours l'homme quand il s'agite, qu'il s'appelle individu ou nation, Dieu avait, sur les pierres de ce palais, prononcé cette parole prophétique : « *Et super hanc petram ædificabo ecclesiam meam, et portæ inferi non prævalebunt.* » Sur cette pierre j'établirai mon église qui durera malgré l'enfer.

L'apôtre prédestiné à cette œuvre au nom de Dieu, devait bientôt voir le jour à Ephèse, ville grecque ; il reçut à sa naissance le nom de Trophime ; il s'attacha à la personne de J.-C., dont il fut l'un des 72 disciples. Après l'Ascension de N.-S. il resta fidèle à sa vocation ; on le vit tantôt avec saint Pierre, prince des Apôtres, tantôt avec saint Paul, son parent, converti à la religion du Christ, et devenu l'apôtre des nations. Saint Pierre se fixa à Rome vers l'an 44 ; Trophime l'y rejoignit, et deux ans après, en 46, il reçut la mission d'aller évangéliser les Gaules. Il partit de Rome avec sept compagnons, et arriva avec eux à Arles qui avait été confiée à son apostolat, tandis que Paul devait aller à Narbonne, Martial à Limoges, Austremoine chez les Arvernes, Gatien à Tours, Saturnin à Toulouse, et Ursin à Bourges.

L'arrivée de ces étrangers que rien ne distinguait des autres, aurait passé inaperçue, si au moment de leur séparation, saint Paul n'avait arraché à la mort un matelot qui venait de se noyer dans les flots du Rhône. L'effet produit par ce miracle, joint à la prédication de Trophime, amena à la religion de J.-C. un certain nombre de païens. Peu à peu le nombre des chrétiens s'accrut. Leur chef vivait retiré à Montmajour dans les grottes dont l'une porte le nom de *Confessionnal de Saint-Trophime* ; pendant le jour, il évangélisait les pêcheurs des étangs qui s'étendaient jusqu'à Arles, et la nuit, il réunissait son troupeau dans un oratoire construit dans l'immense cimetière des Alyscamps et consacré à la Sainte-Vierge encore vivante, comme le proclame une respectable et fort ancienne tradition (1).

La parole de Trophime triompha surtout le jour où, selon la coutume barbare du temps, trois enfants allaient être immolés aux fausses divinités. L'apôtre épargna au peuple réuni le scandale d'un pareil crime, en prêchant que le sang de ces victimes n'était pas celui qui devait sauver le monde, mais bien le sang de Jésus qu'il annonçait.

Les adeptes se multiplièrent, le prêteur lui-même, homme droit et loyal, voulut avoir un entretien particulier avec l'apôtre, qui le convertit à la religion nouvelle par la force convaincante de ses arguments. L'œuvre de Dieu se développait ; pourtant le magistrat romain jugea plus prudent de rester disciple secret de J.-C. ; mais malgré sa réserve apparente dans sa conduite privée, il permit à Trophime de choisir, dans les vastes dépendances de son palais, la partie jugée la plus favorable pour y réunir les chrétiens, et y offrir les mystères sacrés de la religion. Le choix de l'évêque fut

1. Une plaque fut posée plus tard sur l'édicule, avec cette inscription : « *Sacellum dedicatum Deiparæ adhuc viventi.* » Cette plaque, postérieure à saint Trophime, relatait la tradition. Lorsque, en 1616, les Minimes furent chargés de l'église de N.-D. de Grâce, ils trouvèrent cette inscription qui fut bientôt emportée à Rome.

bientôt fait ; il prit poür église une vaste salle où le recueillement était aisé, puisqu'elle était enclavée dans l'immensité du palais, et dont l'accès était pourtant facile, puisqu'elle longeait la rue par un côté. Ce modeste oratoire reçut le nom de *Saint-Etienne*, à cause du crâne et d'une côte de ce saint diacre, premier martyr, parent de Trophime, que celui-ci avait pris au tombeau même du saint, et qu'il déposa dans le lieu de la prière. Telle est la *tradition* constante. La voici d'accord avec *l'architecture*.

L'église actuelle de Saint-Trophime est supportée, depuis la façade jusqu'à une distance non constatée avec la dernière précision, par des substructions où il nous faut descendre. Pour y pénétrer, un seul passage s'offre au visiteur. En face de la porte d'entrée de la Primatiale, vers le milieu de la première travée, est une dalle armée de deux anneaux qui servent pour la soulever. Dans le trou béant, on place une échelle dont les degrés rencontrent et traversent l'ancien sol de l'église, à 1 m. 60 environ au-dessous du dallage actuel, et atteignent le sol naturel à 4 mètres plus bas. A ce niveau de 6 m. 60 de profondeur, se découvrent trois chambres de dimensions différentes, communiquant entr'elles par des arceaux en plein cintre dans le sens du midi au nord.

La chambre du milieu, plus spacieuse que les deux autres, a 9 mètres du levant au couchant, et 3 m. 60 du midi au nord, sur une hauteur de 3 m. 10. Cette élévation est la même dans les deux autres chambres. Celles-ci ont toutes deux exactement la même longueur, à savoir : 7 m. 33 de l'est à l'ouest ; mais elles diffèrent dans la direction du midi au nord ; celle de gauche a, dans ce sens, 3 m. 72, et celle de droite, 3 m. 60 seulement. Dans cette dernière se trouvent les fondations du premier pilier de la nef, pour le passage duquel on a percé la voûte de l'ancien sol. Ces trois chambres occupent l'espace compris entre le mur de façade et le premier pilier.

C'est en 1835 que des affouillements amenèrent la découverte de cette crypte ; on l'examina avec un soin très minutieux pendant les réparations faites en 1870-74, sous la direction de M. Revoil, qui en parle dans son remarquable ouvrage sur « l'Architecture romane du midi de la France ». L'éminent architecte s'en rapporte à la *Tradition*, d'après laquelle saint Trophime, envoyé par saint Pierre, vers l'an 46, pour évangéliser le sud-est de la Gaule, se serait fixé à Arles, aurait converti le préfet du prétoire, et *aurait fondé un oratoire dans une partie de son palais*, auquel appartenaient les constructions romaines que nous venons de décrire.

La nature de leurs petits matériaux cubiques, mélangés de tuiles à rebords, ne laisse aucun doute sur leur origine, et autorise à les dire contemporaines de l'ère chrétienne, ou même antérieures à cette époque.

Nous ne concluons ici que d'après l'examen de la partie visible des substructions ; mais notre conclusion se trouve encore fortifiée par une autre remarque: dans les murs qui délimitent les chambres dans tous les sens, excepté du côté du portail, sont des arceaux murés, en tout semblables à ceux qui mettent en communication les trois chambres découvertes en 1835 ; on n'osa pas y toucher en 1870 pour voir l'au-delà, dans la crainte de nuire aux parties supérieures; mais tout porte à supposer l'existence d'autres chambres derrière ces murs du côté du midi et du nord. Ce qui n'est qu'une supposition au sujet des murs latéraux, est une réalité du côté du mur transversal au levant, car, par une ouverture creusée avec prudence dans ce mur, il est facile de constater un vide souterrain qui s'étend pour le moins jusque vers le troisième pilier de la nef.

Or, ce simple détail suffit à lui seul pour détruire l'explication d'après laquelle ces substructions auraient été établies pour niveler le terrain lorsqu'on édifia la basilique au-dessus. S'il en avait été ainsi, les voûtes inférieures auraient le même axe que celles de l'édifice supérieur ; elles en auraient aussi les dimensions, au lieu que, dans le sens de la longueur, elles les dépassent, et dans celui de la largeur, elles sont loin de les atteindre.

La seule conclusion logique à tirer de cet examen est que les substructions, plus anciennes que l'église de St- Trophime, n'ont d'autre relation avec elle que d'avoir été utilisées pour supporter une partie de cet édifice ; que la *science* voit en elles les restes du prétoire romain, et que la *tradition* d'accord avec la *science*, est dans le vrai en reconnaissant, dans ce monument de construction romaine, le lieu qui servit d'église cathédrale, disons plus simplement, d'oratoire, où le 1ᵉʳ évêque d'Arles, Saint-Trophime, réunissait les chrétiens, et auquel il donna le titre de Saint-Etienne.

II

L'existence de cet oratoire comme lieu de prière et de réunion des fidèles, a eu la durée de trois siècles environ, avec des interruptions forcées pendant les persécutions. Nous aurons bientôt fini de raconter les faits qui en composent l'histoire.

Pendant son épiscopat de 40 ans, saint Trophime et d'autres saints l'ont honoré de leur présence et sanctifié par leurs prières. Il y avait deux ans que l'Apôtre des Gaules était à Arles, lorsque les *saints de Provence*, débarqués sur la plage des Saintes-Maries, après une navigation miraculeuse, passèrent à Arles (l'an 48), pour aller chacun où la Providence l'appelait. Assurément ce fut dans l'église de Saint-Etienne que l'évêque d'Arles souhaita la bienvenue à saint Lazare, à saint Maximin, à sainte Marie-Madeleine, et à sainte Marthe.

Mais une autre visite, des plus importantes, fut celle de saint Paul, apôtre des nations. Saint Trophime était allé le rejoindre à Ephèse, sa patrie ; il l'avait suivi à Jérusalem et à Rome. Après avoir été deux ans captif, sous Néron, saint Paul entreprit son voyage en Espagne. Saint Trophime l'accompagna jusqu'à Arles, et l'y retint. On montre, dans la rue Saint-Paul, la maison où logea l'apôtre (1) ; mais on doit citer avec un souvenir plus ému la réunion des chrétiens, qu'il présida dans l'église de Saint-Etienne, où l'introduisit saint Trophime, son parent, et où l'on conservait les reliques du 1er martyr, le diacre Etienne, qui était aussi de la même famille (58).

Cependant un nouveau groupe de missionnaires, envoyé de Rome par le pape saint Clément, successeur de saint Pierre, ne tarda pas d'arriver à Arles, peu après la mort de saint Trophime (86). Saint Denis, le converti de saint Paul dans l'Aréopage, était à la tête de ces apôtres ; leur troupe comprenait saint Régulus, saint Nicaise de Rouen, saint Julien du Mans, saint Taurin d'Evreux, saint Lucien de Beauvais, saint Sixte de Reims, saint Sinicius de Soissons. Après la dispersion de ses compagnons, saint Denis resta à Arles comme successeur de saint Trophime ; au bout de deux ans, il partit pour Paris, et fut remplacé sur le siège d'Arles par saint Régulus, ou Rieul, à qui fut révélé par vision, pendant qu'il célébrait la messe dans l'oratoire de Saint-Etienne, le martyre de saint Denis. Tous ces saints ont visité cette église, quelques-uns même en ont eu l'administration durant le premier siècle.

---

1. Chaque année, le jour de la procession des Rogations, le cortège a toujours fait une station dans la rue Saint-Paul, devant la maison où, d'après la tradition, saint Paul reçut l'hospitalité.

Au II° siècle, les chrétiens subirent diverses persécutions, celles de Marc-Aurèle, de Dèce ; leur église dut être profanée, inévitablement, par les persécuteurs qui les en privèrent.

Le III° siècle eut la honte de voir Marcien, évêque d'Arles, embrasser l'erreur des Novatiens, effacée bientôt par le glorieux martyre de saint Victor, qui sous Chrocus fut supplicié dans l'amphithéâtre, traîné dans toutes les rues, et enfin jeté sur un bûcher. On cite d'autres chrétiens martyrisés à peu près à la même époque, en particulier saint Pierre, saint Sévère et un autre saint Victor, saint Jules, saint Hermès, saint Jovien, et la vierge Dorothée.

L'église de Saint-Etienne, sanctifiée par les prières de tant de saints, dut subir de nouvelles profanations de la part du terrible Chrocus qui dévastait et massacrait partout (254-280).

Le IV° siècle s'ouvre par le martyre de saint Genès, greffier, l'une des plus pures gloires de l'église d'Arles (303) ; cette mort glorieuse termine l'ère des persécutions.

CHAPITRE II

Basilique de Saint-Etienne, appelée Constantinienne ou de Saint-Marin.

(DU IVe AU VIIe SIÈCLE).

§ 1er. — LA BASILIQUE

Constance Chlore avait toléré les chrétiens ; Constantin, après sa victoire sur Maxence en Italie, à la suite de sa vision de la Croix lumineuse dans le beau ciel de Provence, dans les environs d'Arles, ne se borna pas à donner une plus grande liberté aux disciples du Christ : il invita ses évêques à restaurer les anciennes églises qui avaient beaucoup souffert pendant les persécutions, surtout sous le règne de Dioclétien, ou pendant la domination de Chrocus, et à en construire de nouvelles, soit pour remplacer celles qui avaient été détruites, soit pour suffire au nombre toujours croissant des chrétiens. L'empereur donna en même temps l'ordre aux gouverneurs des provinces et aux préfets des prétoires, d'accorder des secours à cette fin. Sa générosité ne pouvait manquer de s'étendre en particulier sur les églises d'Arles, puisqu'il avait lui-même établi sa résidence dans cette ville.

Saint Marin occupait alors le siège de saint Tro-Trophime ; sa sollicitude se dirigea du côté de N.-D. des Alyscamps, et de l'Eglise de Saint-Etienne. Avec les largesses de l'empereur, il fit restaurer la première de ces églises, et bâtir en l'honneur de saint Etienne une vaste basilique, soit parce que l'oratoire primitif était insuffisant à contenir les chrétiens réunis, soit parce que Constantin, qui se faisait construire un superbe palais, celui de la Trouille, voulut doter la capitale de l'empire d'un édifice religieux capable de supporter la comparaison avec les édifices civils. C'est pourquoi il fut donné à la nouvelle église des dimensions très vastes ; on la construisit sur un plan semblable à celui des basiliques de Rome.

D'abord il fut décidé que la basilique occuperait le même emplacement que l'ancien oratoire de Saint-Etienne. Les chrétiens avaient pu être dépossédés de ce lieu de réunion pendant le temps orageux de la persécution, mais ils n'avaient jamais oublié qu'il faisait partie du palais du prêteur. Il ne pouvait manquer de leur être agréable de le reprendre et de ne plus s'en séparer. Constantin donna généreusement à saint Marin tout le terrain qui avait été occupé par le prétoire : *Et super hanc petram ædificabo ecclesiam meam*, répondit l'évêque, en désignant les restes sacrés de l'oratoire primitif.

Sur les ruines du palais, l'évêque fit construire d'abord la basilique, et, par la suite, ses dépendances, c'est-à-dire le logement pour lui-même et pour ses clercs, l'école épiscopale, un hôpital pour les malades, etc. ; c'était à peu près tout le terrain compris dans l'île occupée aujourd'hui par Saint-Trophime, le cloître et l'archevêché.

L'ancienne église du prétoire servit de crypte à la basilique qui s'éleva fièrement sur cette base ; on peut raisonnablement supposer qu'elle eut sa façade au nord, sur la voie aurélienne (rue Calade), appelée *via principalis* (1), et que son orientation fut du nord au midi,

---

1. On a retrouvé les restes de cette voie dans la chapelle de Saint-Genès, où l'on fit des restaurations en 1889.

dans le même sens que les substructions. L'église de Saint-Marin conserva le nom de *Saint-Etienne* qui rappelait le passé, et reçut aussi celui de *basilique constantinienne*, en souvenir de l'époque où elle fut construite et de la grande générosité de l'empereur.

La forme des basiliques a été si souvent décrite, qu'il serait assurément superflu de la reproduire ici en entier. Nous nous contentons d'en donner une courte description.

Comme les églises constantiniennes, la basilique de Saint-Etienne devait être précédée d'un cloître avec quatre galeries entourant une cour. On pénétrait sous les portiques par trois portes établies sur l'extérieur, et faisant vis-à-vis à trois autres portes qui donnaient accès à l'enceinte sacrée, et correspondaient aux trois nefs. Celles-ci étaient destinées, celle du milieu au clergé, celle de droite aux hommes, et celle de gauche aux femmes ; chacune de ces dernières nefs avait trois subdivisions : dans la partie la plus rapprochée de la porte se plaçaient les catéchumènes ; dans la suivante, les fidèles ; et dans la troisième, les moines et les religieux. Chaque nef se terminait par une abside arrondie. A la suite de la nef centrale venaient le chœur, le sanctuaire avec l'ambon sur le devant, le *secretarium* sur le côté, l'autel au centre, et enfin l'abside, avec des sièges de chaque côté pour les prêtres ; celui de l'évêque, précédé de quelques marches, était au fond (1).

La construction de cette basilique doit être fixée forcément entre les premières années du règne de Constantin et l'année 314, puisque dans le cours de cette même année fut tenu dans ses murs le 1er concile d'Arles.

---

1. On montre dans la chapelle des Rois, à Saint-Trophime, une pierre à forme oblongue, avec deux angles arrondis, que l'on croit avoir été la première marche du siège épiscopal du temps de saint Césaire.

§ 2. — HISTOIRE DE LA BASILIQUE CONSTANTINIENNE
DE SAINT-ETIENNE

314. — Dans l'ordre des dates, le premier fait important dont l'histoire a conservé le souvenir comme s'étant passé dans la basilique bâtie sous saint Marin, est la célébration du Concile qui s'ouvrit le 1er août 314. Constantin, d'accord avec le pape, avait ordonné qu'il fût très solennel. Il ne put y assister, mais il fit convoquer tous les évêques de son empire, et leur facilita de s'y rendre. Il en vint des Gaules, d'Espagne, d'Italie, de la Germanie, de la Grande Bretagne, de l'Afrique, au nombre de 600, d'après saint Adon. Le pape s'y fit représenter, saint Marin en présida les sessions. Ce magnifique cortège d'évêques se forma au palais de la Trouille, d'où il se rendit processionnellement à la basilique.

De ce Concile il reste 22 canons, dont les plus importants sont ceux qui établissent la validité du *baptême* et de *l'ordre*, même conférés par des hérétiques. On y condamna les *donatistes* qui contestaient la validité de l'élection de Cécilien, évêque de Carthage ; les Pères du Concile déclarèrent ce prélat tout à fait innocent, et son élection exempte de toute irrégularité. Le concile de Nicée s'est approprié les décrets si sages de celui d'Arles.

316. — Constantin eut un fils qui reçut le baptême des mains de saint Marin, dans la basilique de Saint-Etienne ; le même sacrement fut conféré dans la même église au fils du préfet *Ambrosius*. On raconte qu'un essaim d'abeilles entoura le berceau et se reposa sur la bouche de cet enfant, qui plus tard rendit illustre le nom d'*Ambroise*, comme évêque de Milan (1).

---

1. La rue où naquit saint Ambroise porta le nom de ce saint jusqu'en 1880, où elle fut débaptisée par une de ces mesures qui n'honorent ni une cité, ni ses administrateurs.

340. — Le fils aîné de Constantin étant décédé, son panégyrique en langue grecque fut prononcé dans la basilique.

353. — Saint Athanase, évêque d'Alexandrie, avait retusé de recevoir Arius dans la communion de son église. Les Ariens parvinrent à le faire exiler à Trèves, par Constantin ; ils essayèrent même de le faire condamner par le pape Libère. Celui-ci convoqua un concile qui se réunit à Arles dans la basilique de Saint-Etienne. L'empereur Constance y assista, le pape y envoya deux délégués ; Saturnin, évêque d'Arles, favorable aux ariens, eut la présidence. Il demanda tout d'abord, non la condamnation d'Arius, selon le désir du pape, mais celle d'Athanase qu'il obtint des évêques nombreux venus d'Orient, et de la faiblesse des légats du pape, malgré l'énergique protestation de saint Paulin, évêque de Trèves, et de saint Hilaire de Poitiers, qui furent exilés. Mais bientôt ces évêques furent rendus à leur siège, et Saturnin perdit le sien. Son peuple, loin de le suivre dans son erreur, avait conservé intacte la foi en J.-C. vrai Dieu et vrai Fils de Dieu. Il eut la bonne fortune de voir Concorde (nom de bon présage), remplacer Saturnin comme évêque d'Arles.

Ve siècle. — Au commencement du Ve siècle, la ville d'Arles avait pour évêque Héros, et pour empereur Constantin III, soldat heureux qui n'avait de commun avec le grand Constantin que le nom. Alors la ville fut assiégée par Géronce ; le peuple soutenu par son évêque, se réunissait souvent dans la basilique de Saint-Etienne pour prier et délibérer. Enfin Constantin décide de se rendre, et veut auparavant être fait prêtre, dans l'espoir d'obtenir la vie sauve. L'évêque accède à ce désir, et, passant par dessus toutes les règles canoniques, à cause des circonstances, il accomplit les rites sacrés en présence des magistrats et des officiers. Quand il sort de la basilique, Constantin n'est plus empereur, mais un simple prêtre pour lequel l'évêque consécrateur demande qu'il soit épargné quand la ville se rend. Le désir du prélat est écouté favorablement ; mais bientôt Constantin est mis à mort par les soldats qui en ont la garde.

Héros se retira en Palestine, et fut remplacé par Patrocle qui reçut du saint Siège la confirmation des anciens privilèges de l'église d'Arles, et fut nommé, le 22 mars 417, vicaire du pape dans les Gaules par saint Zozime.

Après Patrocle, saint Honorat monta sur le siège d'Arles, où il se montra et fut le type achevé de la *Charité*. Avant de mourir il désigna pour le remplacer saint Hilaire qui eut pour successeur Ravennius. Le souverain Pontife rendit à ce dernier la juridiction sur certains évêchés qu'il avait enlevée à son prédécesseur, et lui conféra le titre de Primat. Ce fut une gloire pour la basilique que ses évêques fussent revêtus des vertus qui font les saints, et des titres qui honorent les hommes en récompensant leurs talents.

Pendant le ve siècle deux conciles se réunirent dans l'église de Saint-Etienne : au 1er (427), assistèrent 44 évêques, dont saint Germain d'Auxerre et saint Loup de Troyes ; les erreurs de Pélage y furent condamnées ; le 2e, tenu en 475, eut à juger un prêtre de la province d'Aix, nommé Lucide, qui rétracta ses erreurs et obtint son pardon. Parmi les 30 pères de ce concile, on cite saint Patient de Lyon, saint Mamert de Vienne, saint Euphrone d'Autun, saint Eutrope d'Orange, saint Marcel de Die, saint Fauste de Riez, Fontéius de Vaison, Basile d'Aix et Grec de Marseille.

VIe siècle. — C'est le grand siècle de l'église d'Arles ; saint Eon la gouvernait quand il s'ouvrit ; en 502, saint Césaire monta sur le siège de saint Trophime, l'illustra pendant 40 ans, et y fut remplacé par plusieurs saints évêques, saint Aurélien et saint Virgile en particulier.

508. — Saint Césaire avait été exilé à Bordeaux, en 505, par Alaric II, roi des Visigoths ; à son retour, on lui fit une entrée triomphale. Mais bientôt, accusé de trahison par les Goths, et de connivence avec les Francs qui assiégeaient la ville, il fut enfermé dans le palais de la Trouille. Son innocence ne tarda pas d'être reconnue ; son peuple le délivra et le conduisit en triomphe à la basilique pour y chanter l'action de grâces.

Accusé de nouveau, Césaire fut conduit cette fois à Ravenne, devant Théodoric qui le reconnut innocent, et le combla même de présents. De Ravenne, l'évêque d'Arles, se rendit à Rome, où le pape Symmaque l'honora comme un saint, et lui accorda pour lui-même l'usage du *pallium* que seul le pape portait, et pour les diacres de son église le privilège d'user des *dalmatiques*, qui n'appartenait alors qu'aux diacres de Rome, qui le tenaient de saint Sylvestre. A son retour, le peuple lui fit encore une splendide ovation.

527. — Vers l'an 527, la basilique de Saint-Etienne vit dans ses murs les principaux évêques de la contrée, réunis sous la présidence de son saint évêque, à l'occasion de la consécration épiscopale d'un jeune moine de Lérins. Certes, cette cérémonie a dû bien des fois s'accomplir dans l'enceinte de la primatiale, mais celle de 527 mérite une mention particulière. Le nouvel évêque, appelé Siffrein, devait succéder à l'évêque de Vénasque décédé. Originaire d'Albe, fils d'un ancien militaire qui le suivit à Lérins, il excellait en dons naturels et en vertus. Il avait fallu l'arracher à sa solitude, et le conduire à Arles comme un prisonnier. Saint Césaire, qui avait contribué à ce choix, détermina Siffrein à se laisser imposer la charge de l'épiscopat.

Le jour du sacre dans la basilique, en présence des députés de Vénasque, des évêques voisins, d'un grand concours de prêtres et de fidèles, un miracle confirma la sainteté de l'élu. Déjà, étant simple moine à Lérins, il avait guéri des malades par sa seule présence, et chassé des démons en récitant le *Notre Père*. Au moment où il se tournait pour donner le baiser de paix durant la cérémonie du sacre, un aveugle se présenta ; le nouvel évêque lui rendit la vue par un signe de croix. La vieille basilique retentit des cris d'admiration des fidèles émus: *Gloria tibi, Christe, qui talia tuis famulis præstas !* A son départ, saint Siffrein fut suivi par une foule enthousiasmée.

542. — 7 août. — Cette date fut marquée par la mort de saint Césaire. Pendant la cérémonie des funérailles, la douleur fut telle que les murs de la basilique, au lieu de résonner sous le chant, n'entendirent que les pleurs de l'assistance.

554. — 29 juin. — L'église de Saint-Etienne fut témoin de la tenue d'un concile: 11 évêques et 8 députés s'y trouvèrent sous la présidence de Sapaudus, évêque d'Arles. Parmi les pères qui y prirent part, il convient de signaler la présence de saint Quinide, dont la naissance et l'élévation à l'épiscopat avaient été prédites par un ange à sa mère en prière devant la basilique de saint Genès aux Alyscamps (1).

588. — L'abbé de Lérins, appelé Virgile, est élevé sur le siège d'Arles, et établi aussitôt par saint Grégoire, pape, vicaire du saint siège dans les états de Childebert, et honoré du *Sacré Pallium*. Dès le début de son épiscopat (590), le nouvel évêque convoque un concile des évêques de la province. Saint Véran, évêque de Cavaillon, y assista. Il avait été sacré dans la basilique de Saint-Etienne par Sapaudus ; il mourut avant la fin du concile, le 11 novembre 590. Comme il avait prédit sa

1. L'église de N.-D. des Alyscamps porta le nom de *basilique de Saint-Genès* au cours du ive siècle et jusqu'au viie siècle, où elle reçut le titre de Saint-Honorat après sa reconstruction par saint Virgile.

mort: « Où voulez-vous être enterré? lui fut-il demandé.
— Où Dieu voudra. » — La cérémonie funèbre s'accomplit dans la basilique qui avait vu son onction épiscopale.
A peine le cortège vient-il de sortir du lieu saint, que
le voile dont le cercueil était recouvert se soulève, se
dirige en avant, et suit la voie aurélienne jusque près
d'Orgon. La Durance déborde ; ses eaux se partagent,
de même celles de la Sorgue ; le cortège passe à pied
sec dans le lit des rivières, et arrive, conduit toujours
par le même guide, à Vaucluse, où on ensevelit le saint.

596. — Vers la fin du mois de juillet eut lieu le passage à Arles du moine Augustin et de ses 40 compagnons, envoyés en Angleterre par le pape saint Grégoire, avec une lettre adressée à saint Virgile pour
recommander les missionnaires à la sollicitude, aux
prières et au concours de l'évêque d'Arles. Le Souverain
Pontife, heureux des succès obtenus dans le royaume
de Kent et auprès du roi Ethelbert, résolut de conférer
le caractère épiscopal au chef de ces apôtres, et pour lui
abréger la route, il appela Augustin à Arles, où saint
Virgile, vicaire du Saint-Siège, le sacra évêque le 17
novembre 597, dans la basilique témoin de son passage
l'année précédente, en présence des évêques de la province d'Arles et de plusieurs autres (1).

Le sacre de saint Augustin fut le dernier fait important accompli dans la basilique constantinienne de Saint-
Etienne, dont les archéologues paraissent même ne pas
supposer l'existence. En effet, les uns, avec M. Clair,
affirment que, avant la construction de l'église de Saint-
Trophime par saint Virgile à la fin du vi^e siècle, c'était
le Major qui remplissait le rôle de métropole ; d'autres,
avec M. Estrangin, attribuent ce rôle à N.-D. de Grâce
des Alyscamps. M. Revoil ne dit rien à ce sujet.

1. Le 13e centenaire de ce fait a été solennisé dans la Primatiale les 10, 11 et 12 octobre 1897. — Voir cette date.

Nous affirmons avec l'abbé Bernard que les uns et les autres ont fait erreur, que c'est à la basilique bâtie par saint Marin en l'honneur de saint Etienne, qu'appartiennent tous les faits historiques que nous venons de raconter, et non aux églises, si vénérables d'ailleurs, de la Major et des Alyscamps.

En effet, dans la vie de saint Hilaire (429-449), il est fait plusieurs fois mention de la *basilique constantinienne* de saint Etienne ; pareillement dans la vie de saint Césaire (502-542). Or comment supposer que les auteurs de ces vies aient pu se tromper, puisqu'ils étaient ou contemporains ou disciples de ces saints évêques ? Il est donc établi que, depuis Constantin jusqu'à saint Virgile, Arles posséda une basilique antérieure de trois siècles à celle du VII° siècle. C'est ce que nous avons voulu bien affirmer avant de nous occuper de cette dernière.

CHAPITRE III

Basilique Virgilienne

DU VIIᵉ AU XXᵉ SIÈCLE

§ Iᵉʳ. — CONSTRUCTION DE LA BASILIQUE PAR SAINT VIRGILE

L'Eglise vit renaître le calme vers la fin du VIᵉ siècle ; les évêques en profitèrent pour restaurer les vieux édifices du culte, ou pour en bâtir de nouveaux. A Arles, les deux basiliques dédiées, l'une à la Sainte-Vierge, et l'autre à saint Etienne, sous Constantin, en remplacement des oratoires primitifs consacrés avec les mêmes titulaires, avaient beaucoup souffert pendant les deux derniers siècles qui avaient vu des dominations diverses, et plusieurs sièges subis par l'ancienne ville constantinienne. Une longue peste sévit, pendant laquelle il fut impossible de s'occuper de la restauration de ces édifices. Saint Eon avait bien recueilli quelques fonds pour faire reconstruire la basilique de Saint-Etienne ; mais saint Césaire, son successeur, fut réduit à les employer à des usages plus pressants, notamment à celui de l'aumône. Un long siècle s'était écoulé quand saint Virgile reprit le projet pour les deux basiliques, et le mena à bonne fin.

La date de ces entreprises est vivement discutée ; mais il est certain d'un côté que saint Virgile mourut en 610 ; qu'après avoir fait bâtir l'église de Saint-Etienne, il fit encore construire celle de N.-D. de Grâce, qui reçut alors le titre de Saint-Honorat ; il est donc tout à fait logique d'adopter l'an 601, ou selon quelques auteurs même l'an 604, comme ayant vu achever les travaux relatifs à la première de ces deux basiliques, commencés vers l'an 597. C'est celle-là même qui existe encore aujourd'hui, mais qui n'est devenue telle que nous la voyons, qu'en subissant, par la suite des siècles, diverses modifications, dont les unes l'ont transformée, et d'autres l'ont agrandie.

Nous allons d'abord essayer de la reconstituer telle qu'elle fut construite vers la fin du VIe siècle, et inaugurée au commencement du VIIe. — Or, pour atteindre plus facilement notre but, la logique veut que nous passions du connu à l'inconnu ; en signalant les modifications ou suppressions à faire dans la basilique du XXe siècle, nous l'aurons sous les yeux en son état primitif.

Saint Virgile dit encore la même parole qu'avait prononcée saint Marin : *Super hanc petram ædificabo ecclesiam meam.* Il fut admis en principe qu'on laisserait subsister les substructions romaines de l'oratoire de Saint-Etienne, que leur solidité à toute épreuve devait rendre utiles, et dont les plus touchants souvenirs faisaient une relique précieuse. Quant à la basilique de Saint Marin, on décida, vû son état de délabrement et d'insuffisance, qu'elle serait complètement rasée. La base de la nouvelle église resta la même, mais son orientation fut prise du couchant au levant, conformément aux règles suivies par les chrétiens, d'après lesquelles la porte d'entrée est au couchant qui représente le monde qui passe, et l'autel tourné au levant, où paraît le soleil qui symbolise J.-C., lumière du monde.

De l'église actuelle nous supprimons d'abord le chœur gothique, les bras du transept, et les grandes voûtes ; nous donnons aux piliers la forme de croix amincie ; nous abaissons le sol de 1 m. 60 environ, les murs latéraux et celui de façade, jusqu'au sommet du rampant de la toiture des bas côtés, ne conservant que la partie

construite en petits matériaux équarris au marteau ;
nous établissons une abside arrondie derrière le dôme,
s'avançant jusque vers la seconde travée (1), et nous
avons suffisamment reproduit l'église de Saint-Virgile
en longueur, en largeur et en hauteur. Elle était recouverte par une toiture en tuiles à deux rampants, portant sur des poutres apparentes. On en a l'indice, dit
M. Aug. Véran, dans la disposition oblique des assises
des pierres qui surmontent les impostes des piliers qui
précèdent le transept. Tels devaient aussi être les autres
piliers avant qu'on les eût mis dans l'état actuel.

L'intérieur se divisait en une nef principale et deux
nefs latérales, étroites au point de ressembler à de simples couloirs ; ces nefs étaient déterminées par des piles
cruciformes présentant sur leurs pierres, dit M. Revoil,
des tailles mérovingiennes, des lettres de l'alphabet, des
I, des W, des croix. On fit reposer ces piles sur le rocher
ou sur des assises colossales formées par des gradins
de l'amphithéâtre, comme on peut le voir dans les
substructions, où plusieurs de ces blocs sont même
restés à pied d'œuvre sans être employés. (P. Véran).
On remarque encore que l'on perça la voûte d'une
des chambres des substructions pour faire un passage à
la première pile de droite.

Chacune des petites nefs se termina par une absidiole
où l'on plaça un autel. Quant à l'autel majeur, il fut
établi sous la coupole, bâtie sur quatre piles, en matériaux grossiers, équarris au marteau et non appareillés.
Il consistait en une grande table en marbre, élevée sur
des colonnes, sans gradin ni tabernacle, et creusée dans
sa partie supérieure, avec un rebord en saillie sur ses
quatres faces, pour mieux retenir les offrandes des fidè-

1. Pendant les travaux de restauration faits en 1870, on a
retrouvé le mur de l'abside, assis sur le rocher, à l'endroit désigné dans le texte, avec 1 m. 66 d'épaisseur.

les et la matière du sacrifice. La face principale était du côté de l'abside, où se trouvaient le siège épiscopal au fond, et les places du clergé sur les deux côtés. L'officiant y était vis-à-vis les fidèles.

Le chœur occupait la cinquième travée, dont le sol plus élevé que le dallage de la nef, se prolongeait avec le même niveau jusqu'à l'autel et au fond de l'abside. Un fragment de mosaïque fut découvert en 1870, à 1 m. 50 plus bas que le sol actuel : il représentait des oiseaux et des fruits, des lignes géométriques, des polygones et des disques, le tout d'une perfection qui décelait une main de maître. Par ce reste, on peut se faire une idée de ce qu'avait été le dallage virgilien dans son ensemble.

Le jour pénétrait dans l'édifice par trois ouvertures, une rosace et deux fenêtres percées sur la façade, et correspondant aux trois nefs ; de plus, chacune des cinq travées recevait la lumière par une fenêtre ouverte sur le midi. On les y retrouve encore, mais elles sont murées. Que si nous signalons cette particularité, c'est que leur présence nous indique la hauteur approximative de la couverture de la basilique, et nous apprend que la demeure épiscopale ne fut pas à cette époque appuyée contre l'église.

Saint Virgile fit la dédicace de la nouvelle basilique le 17 mai d'une année inconnue, mais assurément fort rapprochée de l'an 600, en 601 ou 604, d'après les avis les plus autorisés. Les évêques de la province et des Gaules y furent convoqués ; presque tous répondirent à l'appel du métropolitain ; le clergé et le peuple accoururent en foule. La solennité fut très imposante.

On cite, comme ayant été particulièrement impressionnante, la procession des reliques, qui, déposées dans l'église des Alyscamps pendant l'exécution des travaux, rentraient dans la basilique de Saint-Etienne, portées sur les épaules des prêtres. Les invocations formaient de belles litanies en l'honneur de saint Etienne, de saint Trophime, de saint Honorat, de saint Césaire, de saint Genès, etc., de tous les saints et saintes de l'église d'Arles. — *Sancti et Sanctæ Dei*, chantait le clergé ; le peuple répondait : *Intercedite pro nobis*. Après le chant des litanies, on entonna le psaume 117. Par une heureuse coïncidence, lorsque le cortège fut arrivé devant la porte de l'Aure, on chantait le verset : « *Aperite mihi portas justitiæ ; ingressus in câ, confitebor domino. Hæc porta Domini, justi intrabunt in eam.* » [Ouvrez-moi les portes de la justice ; après les avoir franchies, je louerai le Seigneur. C'est là la porte du Seigneur par laquelle les justes entreront].

Bientôt après cette prise de possession de la basilique de Saint-Etienne, saint Virgile fit entreprendre la reconstruction de l'église des Alyscamps, qui reçut le titre de basilique de Saint-Honorat. A peine cette œuvre fut-elle achevée, que l'évêque d'Arles mourut, le 10 octobre 610. La basilique de Saint-Etienne fut témoin des funérailles solennelles décernées au saint dont le nom est resté attaché au souvenir de sa construction et de sa dédicace.

§ 2. — MODIFICATIONS A LA BASILIQUE VIRGILIENNE, DU IXᶜ AU XIIᶜ SIÈCLE.

L'œuvre de saint Virgile fut respectée par les sarrasins ; mais, après deux cents ans d'existence, elle fut l'objet de modifications intérieures très importantes, telles que la construction du transept, d'une crypte, du carrelage, des piliers et des grandes voûtes ; à l'extérieur, on fit le portail, le clocher, et une partie du cloître ; ces travaux durèrent du IXᶜ au XIIᵉ siècle. Il est difficile d'indiquer avec une exactitude rigoureuse la date de chacune de ces modifications ; nous n'oserions trop préciser, lorsque nous voyons des hommes compétents diverger entre eux d'un siècle et même parfois plus dans leurs appréciations ; nous nous bornerons donc à signaler la suite des travaux, et les quelques divergences de date entre ceux qui s'en sont occupés le plus consciencieusement, et dont le sentiment fait autorité.

D'abord, sans hésiter, nous écartons la supposition d'une table rase complète de la basilique de Saint-Etienne en vue d'une reconstruction totale. L'œuvre en petit appareil remonte au VIIe siècle (601), d'après M. Revoil (Architecture romane du midi de la France), qui a examiné de près les piliers primitifs de la nef, sur plan cruciforme, avec des tailles mérovingiennes et des lettres de l'alphabet sur les pierres. M. Labande fixe cette construction vers la fin du VIIIe siècle (1). Plus tard, « tous les styles s'y sont donné rendez-vous, au point qu'il en est résulté un amalgame bizarre, un composé de pièces et de morceaux d'ordre et d'époque différents ; l'œuvre première est restée debout, et elle a fini par présenter un ensemble imposant, qui inspire le recueillement, le respect et toutes les émotions religieuses, en même temps qu'il intéresse les amis de l'art et les antiquaires par ses détails. » (Abbé Dalmières). Nous souscrivons à l'appréciation de M. Dalmières, et à la date de construction indiquée par M. Revoil.

Après plusieurs siècles, la basilique de Saint-Etienne subit des remaniements intérieurs qui furent très importants, puisqu'ils lui donnèrent sa forme actuelle. Ils consistèrent dans la construction du transept, avec dôme surmonté d'un clocher, dans la restauration de la 5e travée, enfin dans la réfection des autres travées de la nef et des collatéraux. Nous ne pourrons donner ici que des dates approximatives, mais l'ordre suivi dans l'énumération ci-dessus nous paraît pouvoir être maintenu comme ordre d'exécution des travaux.

1. *Etude historique et archéologique sur Saint-Trophime d'Arles*, du IVe au XIIIe siècle.

1º C'est au xᵉ siècle que ces grands travaux furent inaugurés par la construction des croisillons du transept, et celle du dôme couronné par un clocher à forme octogonale ; le remaniement de la 5ᵉ travée, c'est-à-dire de celle qui précède immédiatement le sanctuaire, se fit bientôt après. Le motif qui nous amène à indiquer de préférence cette époque, est la comparaison du transept de Saint-Trophime, avec des constructions semblables dont la date connue sûrement est le xᵉ siècle.

Donc le transept fut construit, tel que nous le voyons aujourd'hui, flanqué aux angles nord-ouest et sud-ouest, de tours carrées, avec escalier tournant à l'intérieur, pour monter au campanile bâti au même temps. Toutefois, primitivement, le jour pénétrait dans chacun des bras du transept par une ouverture pratiquée dans le mur du levant, où on en voit encore la place ; on la mura lorsque le style byzantin fut introduit, sous Mgr de Grignan, dans Saint-Trophime ; alors on construisit la tribune et la fenêtre qui la domine (1695).

2º Les murs du transept ne sont marqués d'aucun *sigle*, mais on en trouve sur certaines pierres de la 5ᵉ travée ; ce sont des I et des Croix ; au lieu que d'autres pierres n'en ont aucune trace. Par contre, la grande nef porte des *signes* nombreux, mais différents de ceux de la travée susdite. Autre détail : il y a ressemblance de coupe et de taille entre le transept et la travée dont nous nous occupons. De sorte que, de l'ensemble de ces observations, nous sommes amenés à conclure que les travaux faits dans la 5ᵉ travée sont postérieurs à la construction du transept, et antérieurs à la réfection des autres parties de la grande nef.

Ce dernier point semble découler encore de ce que les piliers et les arceaux séparatifs de la 5ᵉ travée diffèrent essentiellement des autres qui appartiennent à la même nef : les arceaux sont surbaissés et ne reposent pas, comme les suivants, sur des pilastres ; les piliers n'ont pas reçu le revêtement qu'on a donné aux autres pour les fortifier.

Enfin cette même travée qui déjà était couverte comme toute la nef par une charpente soutenant une toiture en tuiles, reçut alors une voûte d'arètes grossières qui la distingua du reste de la nef. A elle seule, la présence de cette voûte au Xe siècle, indique que les grandes voûtes n'existaient pas encore, car on peut se demander le pourquoi de la construction d'une voûte à mi-hauteur de la nef, si déjà il y avait eu une autre voûte supérieure. Au lieu que l'existence d'une simple charpente, posée au niveau des murs en petits moëllons, explique suffisamment que, par une sorte de convenance, on ait établi la voûte d'arètes même devant le sanctuaire, qui lui aussi venait de recevoir un dôme en pierres équarries seulement au marteau. Ne pourrait-on pas même, en présence de cette constatation, se demander si, au Xe siècle, il n'aurait pas existé un projet d'établir peu à peu une voûte semblable au-dessus de toute la nef? Les travaux exécutés dans la 5e travée pourraient bien n'avoir été qu'un commencement d'exécution de ce plan, interrompu par un nouveau projet, réalisé celui-ci, qui aurait donné naissance à la fin du XIe siècle, ou au commencement du XIIe, aux voûtes, arcatures, piliers et pilastres actuels, et aurait naturellement amené à détruire la voûte basse de la 5e travée.

3° Comme cette dernière transformation devait prendre des proportions considérables, l'église presque entière allait être par le fait transformée en chantier. Dès lors on décida que, pendant la durée des travaux, les reliques de Saint-Trophime et toutes les autres seraient provisoirement déposées dans la basilique des Alyscamps. C'est ce que l'on fit, et ce qui explique la disparition momentanée de toutes ces reliques de l'église de Saint-Trophime, depuis l'année 1078. Ce serait donc alors qu'on aurait mis la main à l'œuvre.

Nous voici en présence du but proposé : supprimer complètement la toiture en tuiles, et la charpente en bois, qui sera remplacée par une voûte en berceau au-dessus de la nef principale, et en quart de cercle au-dessus des bas côtés.

Pour soutenir cette lourde masse, l'architecte exhaussa les murs latéraux, fortifia les parties faibles, établit des arcs doubleaux épais, et transforma les simples piliers cruciformes en des supports plus résistants contre la poussée d'un tel poids. « Autour des piles primitives furent plaqués les appareils de la nef formant les faisceaux des piliers qui supportent les arcades, les arcs doubleaux des deux côtés, et les grands arcs doubleaux séparatifs de la nef principale. » (Revoil, *Architecture romane dans le midi de la France*, t. II, p. 35 et 36.)

Alors on mura les fenêtres virgiliennes du côté du midi, et on ménagea des fenêtres romanes à baie au nord et au midi. En plus, on perça une ouverture dans la partie supérieure du mur de façade exhaussé en raison de l'élévation donnée à la voûte. Dans la décoration de la nef, on montra une excessive sobriété : une corniche avec un modeste ornement, sur laquelle la voûte repose, des colonnettes sculptées avec leurs chapiteaux supportant la retombée des deux arcs doubleaux placés tout à fait sous la voûte, et ce fut tout.

Jusqu'au milieu du xv° siècle, l'église ne subit aucune autre modification importante, si on excepte pourtant l'établissement d'une crypte un peu plus tard, qui ne changea en rien l'aspect général de la basilique.

§ 3. — HISTOIRE DE LA BASILIQUE DE SAINT-VIRGILE DU VIIe SIÈCLE AU MILIEU DU XVe SIÈCLE.

Le viie siècle qui vit s'élever la basilique de Saint-Etienne sous l'impulsion de l'évêque d'Arles, saint

Virgile, fut en même temps un siècle de tranquillité ; mais le viii⁰ siècle fut marqué en Provence par les invasions sarrasines qui dépassèrent en durée la première moitié du siècle suivant.

VIIIᵉ siècle. — Les Sarrasins. — L'église d'Arles était gouvernée par l'archevêque George, lorsque la ville fut prise et occupée par « cet infâme ennemi », comme l'appelle Sanson, abbé de Saint-Zoïle, qui vécut au milieu des sarrasins. Cette occupation dura environ quatre ans, de 736 à 739. A Arles comme partout ailleurs, les envahisseurs pillèrent et détruisirent par le fer et le feu les édifices religieux ; pourtant ils traitèrent les basiliques de Saint-Etienne et de Saint-Honorat comme ils avaient traité celles de Cordoue. Par cupidité ils les épargnèrent, mais ils n'en laissèrent l'accès possible qu'à prix d'argent : les habitants durent payer un tribut par tête aux musulmans, qui s'approprièrent en plus tous les revenus de l'église et toutes les offrandes des fidèles. (Faillon, *Monuments inédits*, p. 785.)

IXᵉ siècle. — 813. — On ne saurait affirmer que le concile tenu à Arles en 752, — ses actes sont perdus, mais Génébrard en a découvert la célébration, — ait eu ses réunions dans la basilique de Saint-Etienne, mais il en est tout autrement de celui qui s'ouvrit le 31 mai de l'an 813. Sous la présidence de Jean, archevêque d'Arles, et de Nébridius, archevêque de Narbonne, revêtus du titre d'envoyés de l'empereur Charlemagne, 20 évêques prirent part à ses réunions. On y rédigea 26 canons ayant pour but surtout : la vie des chanoines et des réguliers, les études des prêtres, la prédication de la parole de Dieu dans les paroisses, et l'instruction des enfants par leurs pères et leurs parrains. La visite annuelle des diocèses par les évêques, la protection des pauvres et du peuple furent aussi l'objet de décrets auxquels Charlemagne donna force de loi. L'autorité religieuse et le pouvoir civil, au IXe siècle, s'unissaient dans les murs de la basilique pour s'attirer le reproche d'obscurantisme !

L'église d'Arles eut part aux largesses laissées par testament de l'empereur aux 21 grandes métropoles. L'archevêque Jean II fut un des six archevêques qui contresignèrent ce testament : il reçut de Charlemagne pour son église les reliques de saint Lucien,

874. — Nous venons de citer le décret du concile d'Arles tenu en 813, relatif aux bonnes vie et mœurs des chanoines et réguliers. C'est le moment de nous demander si la basilique de Saint-Etienne possédait un chapitre et des chanoines à cette époque (1). L'archevêque d'Arles avait auprès de lui, depuis le IVe siècle, une communauté sacerdotale. Au VIIIe siècle, ces clercs durent se conformer à la règle tracée par Charlemagne dans ses capitulaires (789), où il était dit « que ceux qui entrent dans les rangs des clercs doivent vivre canoniquement et selon leur règle ». Ce dut être là l'origine du Chapitre de Saint-Etienne ; en effet, dès l'année 796, ce Chapitre a à sa tête un prévôt nommé Eribald, et le 28 mai 874, le prêtre de Licensu est obligé par l'archevêque Rostang à payer une pension annuelle au prévôt du Chapitre, d'après le plus ancien titre authentique. (Voir le chapitre : Cloître de Saint-Trophime.)

878. — Dans les premiers jours du mois de mai, Arles eut l'insigne honneur de recevoir le pape Jean VIII, qui venait en France chercher secours contre les sarra-

---

1. Le titre de chanoine (canonicus, régulier) est dérivé du mot grec *canon*, qui signifie règle ; la réunion d'un certain nombre de chanoines forme un *Chapitre, Capitulum*, de *caput*, tête, mot qui désigne l'évêque, chef de l'église ; le Chapitre est le chef secondaire, il signe tout de suite après l'évêque, et en cas de vacance du siège, il a juridiction.

sins, et protection contre l'influence allemande. Sa Sainteté officia pontificalement dans l'église de Saint-Etienne les jours de l'Ascension et de Pentecôte.

Xe siècle. — Les reliques de saint Trophime reposaient dans la basilique de Saint-Etienne depuis bien des siècles, on pourrait dire depuis la translation de toutes les reliques accomplie le jour de la dédicace de cette église, le 17 mai de l'an 601 ou 604. On dut tout au moins les y transporter comme dans un lieu plus sûr, lors des invasions sarrazines, attendu que les sarrasins, dans un but intéressé, laissèrent debout la basilique et en respectèrent les reliques, se bornant à prélever un impôt sur les chrétiens qui allaient y faire leurs dévotions.

Au surplus, on est forcé d'admettre que ce précieux dépôt se trouve dans la basilique à partir de l'an 972 environ : « ad basilicam sancti Stephani, protomartiris Christi ubi sanctus Trophimus preciosus corpore requiescit. » (*Gallia Christ. nov.* Arles, n° 275), et cela sans aucune marque d'interruption jusqu'en 1078.

Il n'est donc pas surprenant que par la suite du temps, le nom du 1er apôtre des Gaules ait été associé à celui du 1er martyr, comme titulaire de l'église. On ne peut préciser l'époque, mais, dans des actes authentiques du XIe siècle, le nom de saint Trophime est placé à côté de celui de saint Etienne : « Canonici sancti Stephani vel sancti Trophimi. — Ante altare... sancti Stephani vel sancti Trophimi. » (*Gallia Christ. nov.* Arles, n° 299). Saint Trophime est même cité le premier dans quelques-uns de ces actes : « Et canonicos ecclesiæ sancti Trophimi vel sancti Stephani » (ibid. n° 297) ; il finit par être employé seul à la la fin du même siècle, et pendant le siècle suivant, pour désigner le vocable de l'église. Pourtant, bien que cet usage ait prévalu, saint Etienne n'a pas perdu son titre ; il est resté cotitulaire de la basilique.

XIe siècle. — 1002. — Rodolphe, l'un des fils de Conrad le Pacifique, roi de Bourgogne, accourt de Vienne, sa capitale, à Arles, après la mort de son frère, Boson III, roi d'Arles, décédé sans enfants ; il est reçu avec de grandes manifestations de joie, et reconnu comme roi ; ses sujets lui prêtent le serment de fidélité, et l'archevêque lui donne la couronne et les ornements royaux dans la basilique.

1029. — Une cérémonie tout à fait semblable s'accomplit en la basilique de saint Etienne en 1029. Rodolphe étant mort cette même année, Gérard, son parent, gouverneur d'Arles, se fit proclamer roi à la place de Conrad le Salique, que Rodolphe avait désigné pour son héritier. L'archevêque d'Arles, Pons de Marignan, le couronna solennellement. Par ses procédés hautains, le nouveau roi blessa les grands et le peuple ; sa conduite envers l'archevêque acheva de lui aliéner toute considération. Pendant la nuit de Noël, l'office étant déjà commencé, Gérard arriva à la basilique avec ses gardes et sa cour, et, au lieu de s'arrêter aux places réservées à lui et à sa suite, il alla jusqu'au trône de l'archevêque qui officiait, et reprocha au prélat d'avoir commencé la célébration de la messe avant son arrivée. L'archevêque lui répondit avec calme et dignité. Gérard s'oublia jusqu'à le souffleter.

Le lendemain l'archevêque partit pour Milan, porta plainte à Conrad le Salique, qui accourut aussitôt avec une armée, se saisit de Gérard, et l'enferma dans une prison où il mourut bientôt de chagrin. Il fut enseveli aux Alyscamps sans honneurs. Quant à Pons de Marignan, il alla reprendre à Saint-Victor la cellule qu'il avait quittée pour monter sur le siège d'Arles ; mais auparavant, le 20 juin, il légua à la basilique une partie de ses biens en témoignage de son affection. Trois ans après, Conrad le Salique se fit couronner roi dans Saint-Etienne.

1080. — Gebelin de. Sabran, choisi par le concile d'Avignon comme archevêque d'Arles, en remplacement d'Aicard, qui avait été déposé par saint Grégoire, pape, à cause de son attitude contre le souverain pontife lors de la déposition d'Henri IV, se présente pour prendre possession de son siège ; la populace lui ferme les portes de la basilique, sous l'excitation d'Aicard, qui se maintient dix ans encore, par tous les moyens, en possession de son titre, et contribue plus que personne à l'établissement de la République d'Arles. Ce ne fut qu'en 1090 que Gebelin fut accepté par le peuple et le clergé de sa ville épiscopale.

1096. — A son retour de Clermont, le pape Urbain II s'arrêta à Arles, où il officia pontificalement, et prêcha la Croisade dans la basilique de Saint-Etienne, comme il l'avait fait à Clermont et partout où il avait passé. Gebelin ne tarda pas d'être envoyé comme légat à Jérusalem, dont il fut nommé patriarche.

XIIe siècle. — Calixte II s'arrêta pareillement à Arles en 1119, et Innocent II en 1130.

1143. — Conrad III vint à Arles, et fut reçu dans la basilique. Par la *Bulle d'or* (1144), il accorda de grands privilèges à l'église de Saint-Etienne, et à son évêque, Raimond de Montrond, celui-là même qui, en 1145, rédigea, sur la demande des citoyens, les sages statuts de la jeune République d'Arles.

1162. — Le 25 juillet, l'empereur Frédéric Barberousse fut couronné roi d'Arles par Raimond de Bollène, archevêque, dans l'église de Saint-Trophime, en présence de l'archevêque d'Aix, des évêques de Verdun, Avignon, Cavaillon, Carpentras, Vaison, St-Paul ; des archevêques de Cologne, de Lyon et de Vienne ; du roi de Bohême, du duc de Saxe et de Souabe, son neveu ; du marquis d'Autriche, du comte de Provence, de Bertrand des Baux, prince d'Orange, et de plusieurs autres grands seigneurs et prélats. Frédéric resta dans Arles avec Béatrix de Bourgogne, sa femme, et son plus jeune fils, Philippe, environ quatre mois, pendant lesquels il confirma les privilèges de l'archevêque et de son église.

1188. — 2 mars. Les villes d'Arles et de Marseille, représentées par Guillaume de Porcellet, et par Amiel et Gui, vicomtes de Marseille, font serment sur la porte même de la basilique de Saint Trophime, de garder la paix conclue entre elles. Les archevêques d'Arles et d'Aix, et plusieurs centaines de gentilshommes sont présents à cet acte solennel.

1200. — Le 9 nov. Othon IV est couronné roi d'Arles, par l'archevêque Imbert d'Aiguières (1).

Avant d'aborder le XIIIᵉ siècle, il est bon de remarquer que le XIᵉ siècle, et plus encore le XIIᵉ, virent s'accroître considérablement les biens de l'église d'Arles et ceux de son archevêque. Au moyen-âge, les évêques avaient une place dans la féodalité, et pour ne pas déchoir, ils s'efforcèrent de conserver et même d'augmenter leurs domaines. Les auteurs de ces générosités assurèrent ainsi les moyens d'existence au Chapître et au clergé attaché à la métropole d'Arles. De plus cette abondance de ressources permit de faire dans la basilique Virgilienne des modifications considérables, au nombre desquelles nous devons placer en première ligne l'établissement d'une *crypte* à l'intérieur de l'église, la construction du *portail* sur la façade, et de la galerie du *Cloître* placée au nord. Il sera parlé du cloître et du porche en des articles particuliers ; nous allons nous occuper ici seulement de la crypte.

---

1. Bien que la juridiction appartînt en entier aux citoyens de la République d'Arles, l'empereur conservait la suzeraineté, mais plutôt comme protecteur de la ville qu'à titre de souverain.

LA CRYPTE (1150).

Presque un demi siècle s'était écoulé depuis l'achèvement de la nef et la construction du transept, surmonté par la tour carrée du clocher, quant on fit le projet d'établir une crypte pour recevoir toutes les précieuses reliques de la primatiale. L'emplacement choisi fut le sanctuaire et la travée qui le précède immédiatement. A cette fin, on les exhaussa de 4 mètres au-dessus du plancher de la nef, en mettant à ce même niveau le sol de l'abside. La 4ᵉ travée fut occupée par un escalier de 18 marches sur les deux côtés, encadrant un couloir central par lequel on pénétrait de plein pied de la nef dans la crypte. Celle-ci était formée de deux chapelles voûtées en croisées d'ogives, l'une dans la 5ᵉ travée, et l'autre sous le sanctuaire. Ces travaux furent achevés vers l'an 1152.

Or, avant de commencer les grandes modifications faites au siècle précédent, les reliques qui composaient le trésor de la basilique, le corps de saint Trophime et les autres avaient été retirés de l'église, et déposés dans la crypte de Saint-Honorat des Alyscamps. Raimond de Montrond les en fit sortir, et organisa dans ce but une très grande solennité qui fut fixée au 27 déc. 1152. Un grand nombre d'évêques et prêtres accoururent à la fête de cette translation.

Le fait avec ses détails a été consigné dans un inventaire officiel (1152) rapporté par Saxi ; il a été célébré aussi dans un poëme en langue populaire, composé par un témoin oculaire « segon que ieù ay vist ». En voici le début :

> L'an de l'Incarnacion Venc del Fils glorios
> Que om conta mil e cens cinquanto dos,
> .... Aqui foron
> ....
> Motz clerges de Proensa, e lo duc de Narbona,

E motz nobles, motas noblas personas,
E lo noble baron, l'arsivesque Raymon.
De lo cors sant Trofeme feron translacion.

Avec le corps de saint Trophime furent ramenées les reliques de la tête, de la couronne et d'un côté du pro-tomartyr Etienne, que saint Trophime avait appor-tées de Palestine pour son *soulas* ; un linge en lin dans lequel Notre-Seigneur enfant fut enveloppé ; une coupe en pierre qui avait servi à la Ste-Cène, des instruments de la Passion, et des vêtements de la Sainte-Vierge, des ossements des Saints-Innocents, des apôtres Pierre, Paul et Jean, « e motz d'autres reliquias que om non pot contar. »

Après qu'on les eut déposées dans la crypte, un lumi-naire de jour et de nuit y fut établi et confié à une œu-vre spéciale. Saint Trophime y était spécialement invo-qué pour obtenir la guérison de la goutte. Le culte de ce saint n'a jamais perdu ce caractère.

Entre 1180 et 1190, d'après M. R. de Lasteyrie (*Etu-des*, p. 63-69), on fit le portail, qui fut établi à 1 m. 85 plus haut que le niveau de la rue (1). Jusqu'alors le sol de l'église était plus bas de 1 m. 50 que le dallage actuel ; on dut en conséquence le relever pour le mettre au niveau du porche ; mais pour éviter que la crypte fût enterrée d'autant, on eut soin d'établir quatre degrés pour descendre au couloir. Cet état dura presque trois siècles, à savoir jusqu'à l'époque où le cardinal Alle-mand fit démolir la confession, parce qu'elle rompait l'ordonnance de l'édifice considérablement modifiée sous son administration (1450).

Ce ne fut que sous l'épiscopat d'Imbert d'Eyguières (1191-1202) que la crypte fut dotée d'un autel ; on le dédia aux bienheureux apôtres saint Pierre et saint

1. Voir le chapitre consacré au portail de Saint-Trophime.

Paul ; ce prélat en fit la consécration. Il y eut alors qùatre autels dans la basilique, celui de la confession, l'autel majeur dédié à saint Etienne, celui de la Sainte-Vierge qui occupait le fond de l'absidiole du côté de l'épître, et celui du côté de l'Evangile, où étaient honorés, dans la petite abside, les saints Jacques Zébédée et Alphée (1).

XIIIe siècle. — Les Albigeois. — Le 30 juillet 1205, les consuls prêtent, dans la basilique de Saint-Trophime, devant le légat Milon, le serment de ne rien négliger pour amener à donner satisfaction à l'église, le comte de Toulouse, Raymond VI, accusé du meurtre du légat, Pierre de Castelnau. Ce dernier avait présidé un concile provincial dans la basilique en 1205. Un autre concile réuni dans le même lieu, au mois de juin 1211, témoin de l'hypocrisie du comte, le déclara excommunié et déchu de ses droits souverains.

1234. — 8 juillet. — Un troisième concile provincial est tenu dans Saint-Trophime ; il est présidé par Jean Baussan, et il s'occupe particulièrement d'atteindre les partisans des albigeois par certaines mesures, notamment par la suppression des *Confréries*, qui servaient les conspirations politiques. La *Confrérie* d'Arles résista, s'empara du pouvoir, et fit le pire sort au clergé; l'archevêque Baussan se réfugia à Salon, d'où il lança l'interdit sur la ville, et l'excommunication contre les *Confréries* et leurs complices, y compris le prévôt du Chapitre. Cet état d'anarchie prit fin au mois de juin 1236, pour recommencer dix ans après, et ne disparaître

1. Donation d'Imbert d'Eyguières, du 28 février 1201 : « Laudo et concedo Deo... et ministerio quatuor altarium quæ sunt in sede Arelatensi, videlicet B. Stephani et B. Mariæ, et B. B. Apostolorum Jacobi Zebedei et Alphei, et B. Petri et B. Pauli, quod situm est in confessione in hac eadem supradicta ecclesia... » (*Gallia Christ. noviss.* Arles, n° 747, et d'autres, n° 749, 750, etc.)

que par l'abolition de la République et l'annexion d'Arles à la Provence. L'acte est du 29 avril 1251 ; il fut passé dans le château de Tarascon, sous le comte Charles d'Anjou.

XIVᵉ siècle. — 1303. — On construit pour la première fois une chapelle en dehors des nefs de la basilique, et on la consacre aux *saintes Maries Jacobé et Salomé*. Une autre chapelle contigüe fut bâtie en 1341 en l'honneur de *Tous les Saints*. Ces deux chapelles occupaient l'emplacement où fut élevée, en 1620, celle des *Trois Rois Mages*. (Voir l'article portant ce titre).

La chapelle de *Tous les Saints* dut être créée pour donner satisfaction à la dévotion des fidèles. En effet, les nombreuses reliques renfermées dans la crypte durent en être retirées cette même année pour le motif de préservation contre l'humidité ; on les mit dans une châsse en vermeil d'un fort beau travail, par le soin de l'archevêque Guasbert du Val (1341). Cette châsse, désignée sous le nom de *Sainte Arche*, fut placée dans une chapelle haute, plus saine, établie dans le clocher. Et comme on ne l'en faisait descendre qu'à certains jours de l'année, c'était dans la chapelle de *Tous les Saints* que les fidèles honoraient les bienheureux dont la basilique possédait les reliques. (Voir le chapitre des Reliques).

1359. — Bientôt une troisième chapelle fut élevée en l'honneur des *Onze mille Vierges*, devant la sacristie (1) ; elle devint, en 1589, la chapelle de Saint-Genès.

1360. — Des bandes de *Malandrins* ou *Tardvenus* s'abattent sur la Provence et ravagent les environs d'Arles. La population entière est sous les armes ; il n'est pas jusqu'aux *Chanoines de Saint-Trophime* qui ne

---

1. Cette sacristie, encore debout, à côté de la chapelle de Saint-Genès, sert de magasin pour certain matériel de l'église.

veillent aux remparts et n'endossent « le harnois de la guerre. » (E. F. *Années calamiteuses d'Arles*). Pendant ce temps les anges durent seuls réciter les heures canoniales et chanter l'office dans la basilique !

1361. — Le dimanche, 29 août 1361, après l'offertoire de la grand'messe conventuelle de l'église cathédrale de Saint-Trophime, Hugo Marchon, chapelain conventuel, publia les excommuniés dont les noms étaient écrits sur un registre, et dit publiquement à haute voix : Mandato Domini Johannis Maurelli, auditoris generalis d^i n^i Pape denuntiamus vobis excommunicatos, etc. Par mandement du seigneur Jean Maurelli, auditeur général de N. S. Père, nous vous dénonçons en tant qu'excommuniés : Fulcon d'Agout, Raimond de Montealbano, G. Augerius de Viens, Hugon Monachi de Vellaucio, Ferrerius de S^u Amancio, Albert Blacacii, Bertrand Albarici de Tharascone, Alsiassius de Aurasono, Robert de Cadenet et Charles Symonis de Nicea. » « Après la publication, Ferrerius de Alvernico demanda à moi, notaire soussigné, acte authentique de la lecture de la sentence, ce qui fut fait dans l'église de Saint-Trophime, près de la porte de fer qui ferme le chœur vers l'autel majeur » (Not^e Pontius Rodelli.) Comme on le voit, ceux qui furent excommuniés étaient tous des gentilshommes de la première noblesse. A noter le fait singulier de cette demande d'acte après la fulmination.

1364. — L'église d'Arles avait à sa tête le cardinal Guillaume de la Garde ; ce prélat aimait tellement sa basilique que, en concile provincial, il accorda sept cents ans (septingenti) d'indulgence à tous les visiteurs de Saint-Trophime. C'est lui qui fit le couronnement de l'empereur Charles IV, dernier roi honoraire d'Arles, le 5 juin 1364. Le duc de Bourbon, Amédée IV de Savoie, le comte Verd, etc., assistèrent à la cérémonie qui eut lieu dans la basilique.

Mais avant qu'il fut procédé au cérémonial usité en

pareille circonstance, il se produisit une telle confusion, la multitude poussait des clameurs telles que le roi lui-même se vit forcé de faire évacuer l'église ; il en fit même fermer les portes, afin de mettre un terme au scandale. Voici les propres termes du titre qui en fait mention : « Cum imperator romanus ad ipsam civitatem arelatensen descendisset, et homines utriusque sexus, tam mares quam mulieres, propter jucundum adventum ipsius in ecclesia dictæ civitatis correantes et trepidantes vidisset, hoc molestè gerens, ipse imperator in eadem ecclesia fieri non permisit, imo ipsos statim ejecit. » (Cité par L. Jacquemin. *Guide*, p. 353).

Cette mesure sévère mais nécessaire ne resta pas isolée. Comme le roi passa deux mois à Arles, au château de la Trouille, il fut mis au courant du désorde qui régnait dans le lieu saint chaque année à l'occasion de la *Fête des Fous* ; c'est alors qu'il en ordonna formellement la suppression, sous l'impression du spectacle dont il venait d'être témoin le jour même de son sacre.

En effet, d'après une coutume abusive, pour l'Epiphanie, laïcs et clercs réunis dans l'église de St-Trophime, formaient une assemblée des plus extravagantes : élection d'un archevêque, chants discordants, festin et danses même, etc., le tout aux frais du Chapître, tel était le programme de ces saturnales bien dénommées par « la Fête des Fous. » Ces mêmes fêtes se faisaient dans de nombreuses églises, c'est pourquoi plusieurs conciles avaient ordonné la suppression de toutes ces insanités, mais sans résultat appréciable. Enfin Charles IV en prononça l'abolition en 1364, et ces fêtes eurent vécu à Arles. (1) Toutefois, dit l'abbé Constantin, on les renouvela en 1477, avec une dépense de 136 fl. 8 gros, pour l'amusement du roi René qui dut s'y intéresser.

---

1. A Aix, la *Fête des fous*, plus décente qu'ailleurs, ne fut supprimée qu'en 1563.

Sommes-nous autorisés à critiquer cet usage ? assurément à cause des excès dans lesquels on tombait. Pourtant M. Louis Ulbach qui en parle dans les « Secrets du Diable », voit dans ces saturnales le symbole de l'infatuation de l'humaine raison. Ces fêtes étaient la satire de l'intelligence de l'homme usurpant le domaine de Dieu. Le lendemain de la fête, les mêmes hommes étaient plongés dans la dévotion et pénétrés de componction. La morale n'a-t-elle pas été offensée plus gravement dans la maison même de Dieu par le culte irrespectueux de la déesse Raison ? Telle est la question que se pose l'auteur précité.

1381. — L'archevêque d'Arles, Pierre de Cros, élève une chapelle en l'honneur de son patron, Saint-Martial, apôtre d'Aquitaine ; c'est celle qui porte aujourd'hui le nom de chapelle du Saint-Sépulcre.

1384. — 9 déc. — On avait décidé de célébrer un service solennel dans la basilique pour le repos de la reine Jeanne. « Avan què lo cantar fu fès, dit Boysset dans sa chronique, y ac pron et assèz debats, car com uns volien que hom mantengues que Madame era viva, et d'autres non. » Il y eut « bel sermon, solemna messa cum bella absolucion. » Autour d'un catafalque monumental se tenaient 160 personnes habillées en noir ; à l'offrande 4 chevaliers et 4 dames portaient chacun une torche à poignée d'argent.

1397. — L'archevêque Rochechouart complimente, à son entrée dans Saint-Trophime, Martin 1er, roi d'Aragon, qui s'est arrêté à Arles à son retour, par le Rhône, d'Avignon où il a fait visite au pape Benoit XIII. La tête de saint Trophime est exposée sur l'autel pendant que le pontife dit la messe, et la *Sainte-Arche* est ouverte pour montrer son trésor. En sortant de la basilique, le roi se rend à l'archevêché en passant par la cour richement décorée de tentures, où étaient reproduits certains sujets empruntés à l'Apocalypse.

1400. — 1ᵉʳ déc. — En la vacance du siège, le cardinal Nicolas de Brancas, évêque d'Albano, envoyé
d'Avignon par le pape Benoit XIII, bénit le mariage de
Louis II, roi de Naples et comte de Provence, âgé de
23 ans, avec Yolande de Bar de Lorraine, âgée de 20
ans, fille du roi d'Aragon. Ce mariage, fut célébré dans
l'église de Saint-Trophime avec la plus grande pompe ;
de brillantes fêtes au dehors marquèrent cet évènement
heureux pour la Provence ! De cette union naquit
le roi René. Yolande fut la belle-mère de Charles VII
de France. Son nom est associé à celui de Jeanne d'Arc :
quand la Pucelle parut pour la 1ʳᵉ fois devant le roi,
il s'éleva avec courage contre le doute général, pro-
clama sa foi en la Véracité et la Vertu de la bergère, et
réunit même le convoi de vivres que Jeanne d'Arc introduisit dans Orléans. Son souvenir se rattache de façon
glorieuse à la libération de la France. Elle mourut en 1442.

XVᵉ siècle. — 1401. — 10 fév. — Venc un fraire pre-
dicator en Arle, per son nom apelat Vincens, e prediquet a l'arsivesquat tres sermons generals e motos sermons ad predicados d'Arle... E prediquet si autamens e
si noblamens que yeu crese que despueis que los Apos-
tols morts feron, et per la fama que las gens en disien,
non fon vist ni auzit home si autamens prediquant...
(B. Boysset). Une place de la ville reçut le nom de *Saint-
Vincent Ferrier*, une croix fut placée au centre ; sous
le piédestal on mit dans une fiole en verre trouvée au
XIXᵉ siècle, au cours de certaines réparations, une inscription portant, entr'autres éloges, celui-ci : «convertit
multas p...» [Vincent a converti des femmes de mauvaise vie en grand nombre].

1404. — Le 7 juillet fut célébré dans l'église métropolitaine un service solennel pour le repos de l'âme du
prince de Tarente, *monssen Karle, fraire del Rey Loys,*
noste senhor. — Notre vieil annaliste, Bertrand Boys-

set, en a relaté la magnificence et les détails avec une
ponctualité qui va jusqu'au dénombrement des cierges :
« Ac y CLX entorchas sal las petits cires cremans, que
n'y ac CCCC... tot hom e tota donna ufri una candela
de cire patacal... Ac al cantar gran pobol e motas
gens... et davant que fon fac l'ufici ni lo sermon, foron
sonadas IIII oras. »

§ 4. — AGRANDISSEMENT DE SAINT-TROPHIME
SOUS LE CARDINAL ALLEMAND (1440-52)

La basilique de Saint-Trophime avait subi dans son
intérieur diverses modifications importantes, tout en
conservant le style primitif qui était le roman. Vers le
milieu du xvᵉ siècle, on songea non pas seulement à em-
bellir l'édifice, mais à l'agrandir tellement que, dans un
prix fait de 1462, il est parlé de la *nouvelle église que l'on
construit en celle de Saint-Trophime ;* ce fut le style
gothique que l'on choisit pour les nouvelles constructions. C'était hardi ; le projet du cardinal Allemand fut
pourtant exécuté ; les gens de l'art y ont applaudi, si
bien la soudure entre ces deux parties de style diffé-
rent a été réussie ; on passe comme naturellement et
sans en être choqué, de la partie romane dans la construction gothique plus récente.

On commença par supprimer l'abside circulaire qu'on
remplaça par le chœur actuel, avec des dimensions plus
étendues en largeur et en profondeur, et y ajoutant des
collatéraux qui peu à peu furent embellis par des chapelles rayonnantes. Le jour pénétra dans cette construction par trois fenêtres établies vers le fond. La
démolition de la crypte construite au xiiᵉ siècle, devant
et sous le sanctuaire, fit partie de ce même plan, car la
confession était devenue inutile depuis le jour où les
reliques en furent retirées et placées dans la *Sainte*

Arche; de plus, comme elle dépassait le niveau du sol de l'église, par sa présence elle aurait masqué en partie la vue du chœur. Elle fut rasée complètement, et le sol fut nivelé.

1450. — Ces travaux n'étaient pas encore terminés, lorsque le cardinal mourut à Salon, le 16 septembre 1450. Son corps, transporté à Arles, fut déposé à l'entrée même du chœur, du côté de l'épître, au pied du pilier de la coupole, contre lequel fut adossée une pièce de marbre portant gravée l'épitaphe du Bienheureux Louis Allemand. (Voir le chapitre des reliques.)

1457. — 25 mars. — Les chanoines de Saint-Trophime, voulant célébrer la Passion de N.-S. J.-C. au prochain carême, le conseil décide de faire élever *les cadafaux* dans l'église aux frais de la ville. Le 9 mai, ladite dépense s'élevant à 8 fl. fut approuvée pour être payée à François Antoine, fustier, qui avait fait le travail.

1462. — Les absides latérales ayant disparu en même temps que l'abside centrale, l'autel de la Sainte-Vierge qui occupait celle du côté de l'épître, n'avait plus de place. Sans trop tarder on lui en procura une dans une chapelle que l'on construisit au centre, derrière le chœur, avec ouverture sur le déambulatoire, sans omettre la déviation symbolique de l'axe, rappelant le Christ qui incline la tête pour mourir. Déjà à côté de cet emplacement, et depuis l'année 1381, se trouvait la chapelle de Saint-Martial, devenue chapelle des saints Jérôme et François en 1462, et actuellement dédiée au mystère de la sépulture de Notre-Seigneur.

Le 31 janvier de cette même année (notaire Guill. Raymundi), Hugon Blancard, ouvrier (fabricien) de la *nouvelle église,* donne à prix fait la construction des trois grilles (clédats) en fer qui doivent être semblables à celles de la chapelle des Cays, aux Carmes. Une de ces grilles sera placée sous les vitres établies par Monachi, et les autres sous les arceaux où sont les portes par lesquelles on entre de chaque côté dans la partie réservée au clergé, « in presbyterium. »

1464. — Jean de Lubières, ami de René, avait été chargé par le roi de faire exercer une répression sévère contre les malfaiteurs qui chaque nuit opéraient dans la ville. Bientôt trois voleurs furent pris et pendus. L'un des trois a la bonne fortune de voir sa corde se rompre ; il est arraché des mains des exécuteurs, et entraîné dans l'église de Saint-Trophime par une foule qui crie au miracle, et qui s'oublie jusqu'à injurier et frapper dans l'église Jean de Lubières qui veut quand même ramener le condamné à la potence.

1467. — 13 mars. = Un usage immémorial obligeait les marchands drapiers à donner un *denier à Dieu*, chaque fois qu'ils entamaient une nouvelle pièce de drap. Ces deniers à Dieu, versés dans une bourse spéciale, étaient recueillis chaque année, la veille de Noël, et attribués par moitié à la *chandelle* ou *luminaire* de Saint-Trophime et à la Vierge Marie. Quelques marchands essayèrent, en 1467, de s'affranchir de cette redevance, sous prétexte de crise commerciale. Une décision, prise le 13 mars par le conseil municipal, maintint l'ancienne coutume en lui attribuant force de loi.

1468. — Le premier syndic, Floret de Balby, étant mort, fut inhumé dans l'église métropolitaine à droite en entrant. (Ms. Pomme).

1469. — Au mois de septembre, on commande pour l'église de Saint-Trophime des orgues qui sont achevées le 4 février 1470. (Voir chap. : Orgues).

1489. — Les prières des Rogations, introduites à Arles par saint Césaire, et composées tout exprès pour cette ville, contiennent des invocations et des supplications dont le texte et le chant sont parvenus jusqu'à nous. La procession du troisième jour se faisait en bateau sur le Rhône pour la bénédiction de la pêche. Innocent VIII la supprima en 1489, en approuvant les statuts du Chapitre par lui sécularisé ; la raison donnée par le Pontife n'est autre que le danger auquel sont exposés les assistants à cause de la profondeur du fleuve et de la rapidité des eaux.

1500. — L'archevêque Jean VIII de Ferrier fit construire un beau maître-autel qui fut placé au fond du chœur, où il resta jusqu'en 1695 ; puis il fit entourer le chœur d'une riche boiserie contre laquelle on dressa des stalles sculptées pour les chanoines et les prêtres. Le conseil de la communauté contribua à cette dépense pour la somme de 300 écus sols, votée le 13 août 1517. Le 10 mai 1520 (notaire Jean de Augeris), Jean Gilles dit Gerginot reçut un à compte du prix fait de cette boiserie. (Annales Did. Véran.) Le même prélat fit don à sa métropole d'un orgue, instrument alors rare et cher. Il venait de faire jeter les fondements de la chapelle de Saint-Jean-Baptiste quand il mourut le 17 janvier 1521. Ses restes furent déposés dans la chapelle de son patron par les soins de son neveu, qui lui éleva un beau mausolée. (Voir: Chapelle de Saint Jean).

XVIe siècle. — Protestantisme. — 1563. — Le 21 février fut une journée sanglante ; elle fut marquée par plusieurs meurtres commis dans Saint-Trophime. Catholiques et protestants en vinrent d'abord aux mains dans la rue, puis allèrent continuer de se battre dans l'église. J.-B. de Castellane, sieur de Peiresc, du parti protestant, déjà atteint d'un coup de pistolet, blessa de son épée Robert de Quiqueran et Gaucher d'Aiguières et tua Jean de Quiqueran, sieur de Ventabren. Alors on se rua sur lui, et on le massacra au pied de la chaire. Son valet, Luchety, fut tué par Honoré de Quiqueran, chanoine sacriste ; le peuple s'empara du cadavre de cet hérétique, le dépouilla de ses vêtements, le traîna dans la ville, et le jeta hors des murs. Le chanoine fut l'objet d'une information prescrite par le légat du pape, et reconnu en état de légitime défense. Cependant, par sentence du 26 février, il fut condamné à faire chanter à l'église de Saint-Trophime cinq messes de mort avec l'absoute, à jeûner les mercredi, vendredi, et samedi pendant six semaines, à être suspendu de ses fonctions durant un mois, et privé du fruit de son office.

De leur côté, la dame Louise de Condé, dame de Laval et veuve du sieur de Peiresc, et plusieurs personnes de la même famille, exposèrent le fait au lieutenant et aux consuls, le 4 mars, demandant que le corps de J.-B. de Castellane fût enterré dans l'église de Saint-Trophime, où il possédait une sépulture, sans outrage, et qu'elles-mêmes fussent placées sous la protection de la justice, étant obligées de demeurer enfermées dans la maison de M. de Laval (1), pour n'être pas insultées par le peuple. (Notaire Milliani, f. 15).

Le Parlement d'Aix, par arrêt de défaut du 28 mars 1565, condamna à mort le chanoine sacriste, Honoré de Quiqueran, Robert de Quiqueran, les capitaines Antoine de Besaudun et Trophime d'Usane. Tous ces homicides furent déclarés par Charles IX devoir bénéficier de l'acte d'abolition des condamnations relatives aux troubles de Provence.

Ce combat sacrilège, engagé sous le couvert de la question religieuse, avait été occasionné surtout par de vieilles haines de famille. Déjà, le 23 juillet 1540, le Parlement de Paris avait rendu un arrêt au sujet de la mort de Gaucher de Quiqueran, baron de Beaujeu, tué sur la route d'Abbeville à Péronne par MM. de Castellane.

1564. — Le 16 novembre, Charles IX et Catherine de Médicis visitent la ville d'Arles, et sont reçus à Saint-Trophime avec les honneurs dus à leur dignité.

1576. — 1er janvier. — Une procession générale part de Saint-Trophime en action de grâces, pour avoir échappé au complot ourdi par les huguenots de se faire

1. Cette maison est devenue en 1909 le *Muséon Arlaten.*

livrer la ville par des coreligionnaires secrets, pendant la nuit, et de massacrer les catholiques. On fait vœu de continuer la même procession pendant 50 ans à pareil jour.

1583. — 22 avril (reg. de Claude Saxy, f. 36). De la part des consuls d'Arles, intimation à MM. du Chapitre de Saint-Trophime, des ordonnances rendues à Marseille par les Commissaires du Roi. Ces ordonnances portent entr'autres dispositions « qu'il sera deffendre à toute personne de promener dans l'église métropolitaine et autres de la ville ; qu'il sera enjoint à un prêtre de rester en la nef de la dite église pour s'en prendre garde..., qu'il sera deffendu aux ecclésiastiques de porter habits dissolus et chemises à freses, ainsi que de danser publiquement, en quelque temps que ce soit, tant au jour de leur première messe que autres...

1589. — Le lieutenant Biort, chef des Ligueurs, soumet à la question deux royalistes, leur arrache des aveux, et, en présence de la sainte Hostie et d'une foule considérable accourue dans Saint-Trophime, les réduit à accuser ses ennemis.

Par de pareils procédés, les chefs des ligueurs méritèrent d'être appelés *tyrans ;* leurs actes appelaient un châtiment. Le 24 février 1594, Foulque, religieux observantin, au cours de la prédication du carême, éleva si fort la voix contre les *tyrans,* que le peuple prit les armes, les poursuivit, en saisit plusieurs qui, le 12 mars, furent condamnés à mort et exécutés sur le Plan de la Cour.

Ce ne fut guère que l'année suivante que l'autorité d'Henri IV fut reconnue à la maison commune. Enfin, le peuple, encouragé par le Chapitre, se porta en masse, le 15 octobre 1595, aux cris mille fois répétés de *Vive le Roi,* à l'église de Saint-Trophime, où le *Te Deum* fut chanté, et une procession solennelle organisée.

1598. — Encore un fait qui fera mieux connaître l'effet de la prédication sur les chrétiens de cette époque. Le lundi de Pentecôte il était d'usage de faire gagner à la course une paire de bas et de souliers par les femmes de mauvaise vie. Un père jésuite prêchant à Saint-Trophime quelques jours avant les courses de l'année 1598, fit si bien ressortir l'infamie de pareilles courses, que les consuls les supprimèrent. Ainsi cette coutume fut abrogée. (Arch. munic. Annales, an 1598).

XVIIe siècle. — 1614. — Le tableau de la *Lapidation de Saint-Etienne* par Finsonius, est placé au dessus du maître-autel au fond du chœur.

1620. — On doit à la munificence de Gaspard du Laurens la belle chapelle des *Trois Rois Mages*. Elle remplaça, en 1620, celle de *Tous les Saints*, et celle des *Saintes-Maries*.

1621. — « Le 13 janvier, MM. du Chapître de Saint-Trophime ont fait durant trois jours procession et porté le très-auguste Saint-Sacrement, et chaque jour fesoient trois tours tout alentour de l'église, avec chants, mélodies pitoïables, pour afin d'apeser l'ire de Dieu. Car durant trois mois entiers n'a fait que pleuvoir et grande quantité deo pour tout le terroir qu'il a mis. Tous les couvans et mendians de la ville fesoient prosession et tout le peuple estoit en dévotion. Dieu soit loué. » (Mémorial de messire Jehan Barbier, doyen du chapître de la Major).

1622. — Louis XIII est reçu par Mgr du Laurens, le 30 octobre, à la porte de Saint-Trophime. Le jour de la Toussaint, il communie de la main du grand aumônier, et assiste aux offices célébrés pontificalement par l'archevêque d'Arles.

1636. — Jusqu'ici la grand'porte du porche existait seule sur la façade de Saint-Trophime ; on ouvrit les deux portes latérales en 1636.

1649. — La Sainte-Eucharistie, on le sait, était renfermée pendant les premiers siècles du christianisme, ordinairement dans un vase en forme de colombe qu'on suspendait par une chaîne au *Ciborium*, ou baldaquin, qui surmontait l'autel. Il en fut ainsi dans l'église d'Arles pendant bien longtemps ; il est même à présumer que ce ne fut qu'au XVIIe siècle qu'un tabernacle fut subtitué à la colombe. En effet, en 1649, on traita avec Trophime Agard, orfèvre, pour la confection d'une custode ou tabernacle destiné au maître-autel. Il fut fabriqué en argent massif ; il portait en relief la lapidation de saint Etienne, la figure de saint Trophime et celles des plus illustres saints de l'Eglise d'Arles. Le Chapître donna la somme de 1500 livres pour le travail et la matière. Quant à l'ancienne colombe, qui était en argent doré à l'intérieur, elle trouva place dans le trésor de l'église avec les objets les plus précieux. La Révolution, avide d'argent, prit et fit fondre la colombe et le tabernacle, vrais objets d'art, ne considérant ni leur antiquité, ni leur destination sacrée, mais seulement la matière.

1655. — Le jubilé d'Alexandre VII, élevé au souverain Pontificat le 7 avril, s'ouvrit à Arles, le 27 août, et fut l'occasion d'une mission donnée du 23 août au 2 septembre par trois jésuites ; on y recueillit en particulier des fruits de dévotion envers la sainte Vierge. Par délibération prise au conseil de ville le 5 septembre, il fut décidé que le 8 septembre, MM. les Consuls mettraient solennellement sous la protection de la Sainte-Vierge la ville d'Arles et son terroir, par une protestation qui serait prononcée par le 1er consul à genoux au pied du maître-autel de Saint-Trophime, à l'issue de la grand-messe, un cierge dans la main. Cette consécration devait être renouvelée le 15 août à perpétuité.

1656. — Le 30 mars, jour de vendredi saint, de Romieu, lieutenant au siège, s'avança à l'adoration de la Croix, dans l'église de Saint-Trophime, en même temps que les consuls ; ceux-ci lui nièrent ce droit, d'où violente dispute. Cette question de préséance fut soumise au Parlement qui donna gain de cause au lieutenant.

1660. — Louis XIV arriva à Arles le 13 janvier, avec la reine-mère et le cardinal de Mazarin. Le monarque se contenta d'une réception très simple ; Mgr de Grignan le complimenta à son entrée dans Saint-Trophime, où le roi entendit la messe.

1661. — Une ordonnance de cette année porte défense de faire voler des pigeons dans la basilique et les autres églises à l'offrande des messes nouvelles (E. F. Musée 1875, p. 21).

1662. — 27 mars. « Grande feste dans Saint Trophime pour la béatification de Mgr saint François de Salle, évesque de Genève. » (Mémoires de MM. Paris).

1664. — 17 et 18 mai. — Le cardinal prince Fabio Chigi passa par Arles, allant à Paris, envoyé par son oncle, le pape Alexandre VII, pour la réparation de l'insulte faite à l'ambassadeur français, M. de Créqui, par la garnison des Corses à Rome. On rendit au cardinal les plus grands honneurs sur la route de Crau, à la porte de la Cavalerie, à l'archevêché. Le second jour il célébra la messe à 8 heures à Saint-Trophime, rempli par une foule immense ; le spectacle fut merveilleux.

1667. — Le 7 janvier on a commencé de faire une petite porte à l'église du côté de l'archevêché ; il a été trouvé un trou par lequel on descendait dessous ladite église (1). Il y avait été pratiqué des soupiraux qui avaient été bouchés en pavant l'église supérieure. Celle de dessous avait trois nefs. (Annales de J. Didier Véran).

1669. — Le 3 juillet eut lieu l'institution de la Confré-

---

1. Lors des réparations faites en 1870, il y eut projet de rétablir cette descente à l'église primitive ; son entrée naturelle devait être dans le dépôt actuel des chaises mobiles. Reprendre ce projet serait faire un acte intelligent et utile.

rie du *Prêt Charitable*, sous le vocable de Notre-Dame de Bon Secours, dans la chapelle des *Rois*. Les malheureux pouvaient emprunter gratuitement à cette œuvre.

1677. — M. J.-B. de Grignan, coadjuteur de son oncle au siège d'Arles, assisté des évêques de Vaison et de Cavaillon, procède le 17 janvier, au sacre de Louis Aube de Roquemartine, prévôt du Chapître, nommé évêque de Grasse.

1677. — La même année. le chanoine Christophe Pillier fit ériger à ses dépens, devant le premier pilier à droite, en entrant dans l'église, la statue colossale (1), en pierre, de saint Christophe, portant l'Enfant Jésus sur son épaule, en l'honneur de Christophe Pillier, avocat, consul, député et défenseur des intérêts de la cité auprès de Louis XIV. Après l'avoir entendu, le monarque s'était retourné vers ses ministres, en disant : « Je ne savais pas qu'il y eût encore des romains dans Arles. »

§ 5. — MODIFICATIONS DANS LE STYLE GREC SOUS MONSEIGNEUR DE GRIGNAN (1695).

1695. — Le goût de l'ornementation grecque qui dominait au XVIIe siècle, inspira à l'archevêque d'Arles, J.-B. de Grignan, de faire subir à la primatiale des changements dans le style alors en faveur. On commença les travaux au milieu d'avril. Les fenêtres gothiques du chœur et celles de la grande nef du côté du midi qui étaient romanes, furent remplacées par de grandes ouvertures ; on mura celles du nord. Des fenêtres du même genre furent percées dans chaque bras du transept, et une tribune à balustre fut établie de chaque côté, au-dessous de la fenêtre ; quant aux ouvertures du transept,

1. Cette œuvre médiocre, due au ciseau de l'arlésien Dedieu, a disparu du lieu saint pendant les restaurations de l'église, en 1870 ; on l'a transportée dans la cour de l'archevêché.

qui faisaient face aux nefs latérales, on les ferma en maçonnerie. D'autres tribunes semblables furent construites, se faisant vis-à-vis, dans la travée qui précède immédiatement le sanctuaire ; on fit des escaliers pour y parvenir. On abattit les arcs doubleaux, tant au corps de l'église qu'aux bas-côtés, ainsi que les avant-piliers. Le dôme du clocher subit aussi des modifications; les places du chœur furent changées, le maître-autel fut établi sous la coupole, et prit la forme romaine avec gradin, la face principale tournée du côté de la nef. Quant au tableau de la *Lapidation de saint Étienne*, qui surmontait l'autel avant ces changements, il fut placé contre le mur de la nef latérale de droite, dans la seconde travée.

La dépense, y compris celle de cinq treillis de fer, s'éleva environ à 16.000 livres.

Pour avoir fait faire ces travaux, monseigneur de Grignan a été loué dans son épitaphe en tant que « restaurator magnificus hujusce templi ». La postérité n'a pas ratifié cet éloge sans protester, car on a plus tard accusé le prélat d'avoir fait perdre à la basilique tout à la fois le style dans lequel elle fut construite et sa solidité. Vers la fin du XIXe siècle, on a remis l'édifice dans son premier état, ne laissant subsister du style bysantin que les deux fenêtres et les tribunes du transept.

Dans les manuscrits de l'abbé Bonnemant se trouve une note que nous transcrivons scrupuleusement ; elle est très élogieuse, mais on y voit aussi que tous les contemporains de monseigneur de Grignan n'approuvaient pas absolument tous les changements faits dans l'église de Saint-Trophime :

« Messire Jean-B. Adeymar de Monteil de Grignan, nepveu et successeur à l'archevêque d'Arles, son oncle, ne pouvant pas voir Dieu adoré dans une escuerie, comme estoit la métropole, commença dans le mois d'avril 1695 de faire d'une escuerie une église, comme elle paraist, et mettre l'autel à la romaine, et le tableau

de saint Etienne fut tiré du maître-autel pour le placer
où il est. Bien des chanoines, conduits par leurs confrè-
res sortis de la fine juiverie (Pillier, etc.), ne voyant
plus leurs parents qui avaient lapidé saint Etienne,
firent procès au dit seigneur archevesque..... » (Note
attribuée par Bonnemant à « une personne attachée au
service de monseigneur l'archevêque ».)

1700. — Les consuls font mettre une banque dans le
sanctuaire de l'église métropolitaine pour se placer les
jours de fêtes solennelles ; on l'orne d'un beau tapis
jaune parsemé de fleurs de lys, avec les armes de la ville
au milieu. (Ms. Pomme.)

XVIIIe siècle. — Les débuts de ce siècle sont marqués
par la visite à Saint-Trophime (oct. 1701) de Marie-Louise
de Savoie, nouvelle reine d'Espagne, et (13 décembre
1702) par celle de Philippe V, roi d'Espagne. La reine
Marie-Louise y revint en 1714 ; don Philippe, infant
d'Espagne , fut de passage le 30 novembre 1746. Comme
la plupart des souverains, ces visiteurs de marque
entendirent la messe dans la basilique.

1709. — Ce fut une année de famine. Monseigneur
l'archevêque, voyant la fort grande misère, réunit les
plus notables ecclésiastiques; dans cette assemblée, « on
convint de fondre les châsses d'argent, qui étaient dans
les églises, pour en faire promptement de la monnaie.
On fondit 45 châsses avec quelques autres ornements
d'église ; l'argent monta à près de 100 mille livres, qui
furent toutes employées au blé des montagnes. » (Mém.
de Louis Pic.)

1720-21. — Peste. — La peste de 1720 est restée mémorable par le grand nombre de victimes que ce fléau fit
en Provence ; la seule ville d'Arles en eut dix mille.
L'archevêque fut héroïque ; son clergé séculier et régulier imita son dévouement. Les reliques de Saint-Roch
furent portées en procession ; Monseigneur de Forbin-

Janson marchait à leur suite, pieds nus, la corde au cou, offrant à Dieu sa vie pour le salut de son peuple. Deux vœux furent faits à perpétuité en reconnaissance de la cessation de la contagion : celui d'une messe avec chant de l'*Oraison* et de l'*Antienne de saint François Régis*, le 1er janvier, dans la chapelle du collège, en présence des consuls ; l'autre, de la récitation du *Miserere* tous les jours de l'année à 4 heures du soir, au son de la cloche, dans toutes les paroisses. Ce dernier usage seul s'est maintenu ; à Saint-Trophime on y est resté fidèle.

1734. — Des conflits éclatent entre les consuls et les chanoines au sujet des places dans l'église, à l'occasion des services funèbres du maréchal gouverneur de Villars, et de l'intendant Lebret. L'esprit de conciliation que montra Mgr de Forbin réussit à assoupir mais non à éteindre la querelle.

1761. — Le Chapitre métropolitain fait construire une vaste tribune au-dessus de la porte principale de l'église, par Pierre Moine, Simon Pascal, Gaspard Rousty et Elzéard Boyer, maçons, sous la direction de Robert Perre, architecte de la ville, pour la somme de 6000 livres.

1775. — 5 mars. — Mgr du Lau est nommé au siège d'Arles. Le Chapitre en ayant eu connaissance, lui écrivit une lettre très flatteuse et pleine de confiance en son cœur si bon et si juste, avec l'espoir d'admirer longtemps ses qualités bienfaisantes. Au mois de septembre, il acheta pour le prélat un magnifique anneau de 1100 livres.

1776. — Mgr Jean-Marie du Lau, dernier archevêque d'Arles, sacré au mois d'octobre 1775, ne put arriver dans sa ville épiscopale que le 22 du mois de février 1776, à 5 heures du soir ; les cloches sonnèrent de 4 heures et demie à 5 heures et demie. Le jeune prélat, — il n'avait que 36 ans, — plein de vertus et de modestie, refusa le dais et les autres honorifiques dus à sa

dignité ; il descendit de voiture seulement aux portes
de la cathérale, pour se soustraire au triomphe que lui
préparait le peuple ; il se rendit de Saint-Trophime au
palais épiscopal qui était envahi déjà par tous les pauvres de la ville. Ses largesses immédiates prouvèrent
aux malheureux que le nouvel archevêque avait un
cœur de père. Le 23, à 11 heures, il reçut le Chapitre,
les consuls et le siége. Le 24, il alla assister à la messe
basse dite au maître autel ; le Chapitre le reçut à la porte
de l'église ; l'orgue joua à son entrée ; la grosse cloche
seule fut mise en branle pendant toute la durée de la
messe. Mgr du Lau avait paru charitable dès le premier
jour : tel il se montra jusqu'à sa mort. Sa charité se
donna surtout un libre cours en 1789, pendant l'hiver
de froid si rigoureux et de si intense misère que le souvenir n'en a pas disparu.

1776. — Mgr du Lau fit donner une grande mission
au mois de novembre ; le succès en fut considérable ;
la foule accourait à Saint-Trophime et dans les autres
églises tous les jours, malgré le froid et l'heure mati-
nale, en chantant des cantiques dans la rue. A tous les
exercices on voyait présent l'archevêque, qui, à la fin,
se chargea de tous les frais d'érection de la Croix, à la
porte de la Cavalerie.

1780. — La chaire placée en 1440 par le B. Louis Allemand dans l'église de Saint-Trophime, est enlevée le
2 octobre 1780, et remplacée par une chaire en marbre
que Mgr du Lau avait confiée à un habile sculpteur
portugais, Emmanuel Carvalho : le premier sermon y
fut prêché le 1er novembre par un père capucin.

1782. — A l'occasion des funérailles de deux consuls (1), on vit se renouveler la querelle entre le Chapitre et les consuls : question d'honneurs réclamés d'une

_____

1. L'un d'eux était M. Alexandre Fassin, 2e consul, décédé le
1er avril.

part, et refusés de l'autre comme contraires aux droits du Chapitre, tels que l'assistance des chanoines en corps aux obsèques, l'ouverture des grandes portes de la basilique au passage du cortège, ou à l'entrée et à la sortie des consuls, etc. La sagesse de Mgr du Lau calma les esprits qui en étaient venus même aux pamphlets injurieux, et parvint à faire signer une honorable transaction aux parties en désaccord.

1789. — Pierre-Antoine-Barthélemy d'Antonelle, s'étant présenté aux suffrages pour être élu député, échoua ; mais il réussit à se faire nommer maire d'Arles ; comme tel il se montra toujours haineux contre l'église, et empressé de faire exécuter les lois persécutrices du Clergé et de la Religion. A cet effet, il se hâta particulièrement d'écrire aux Chapitres de Saint-Trophime et de la Major, aux paroisses et aux communautés religieuses, « pour les inviter de verser au sein de la Patrie épuisée par de longues prodigalités et de grands désastres, tout le superflu des sacristies et des fabriques, toute l'opulence des vaisselles, tout le métal perdu des joujoux, des colifichets, des bagatelles pompeuses. Ramenons au lit du fleuve public toutes ces eaux égarées ou sans cours ; faisons servir à l'édification des vrais amis de l'Evangile et de la France... ces vrais trésors qui insultent à des besoins réels, ce faste qui ne peut honorer ni le culte, ni l'autel. » Le silence fut la seule réponse à ces grossièretés.

1790. — Le 12 juillet, l'assemblée nationale fit la *Constitution civile du Clergé*, par laquelle elle décrétait, sans l'intervention du Souverain Pontife, une nouvelle circonscription des diocèses et des paroisses, ne conservait qu'un diocèse par département, supprimait tous les autres, et décidait que les évêques et les curés seraient élus par le peuple. Le diocèse d'Arles fut parmi ceux qui allaient disparaître ; il devait être rattaché à l'archevêché d'Aix, ainsi que celui de Marseille.

Mgr du Lau, qui avait été élu député du clergé le 31 mars 1789, était à l'assemblée nationale, quand il reçut notification d'un arrêté du département des Bouches-du-Rhône, portant qu'il eût à suspendre ses fonctions. L'évêque répondit aux administrateurs du district d'Arles : « tant que les formes conservatrices de l'intérêt spirituel du peuple n'auront pas été observées, je demeurerai immobile à mon poste de pasteur », etc... Les grands vicaires continuèrent d'administrer en vertu de sa délégation.

Cependant, le gouvernement avait réduit les paroisses de la ville à trois : Saint-Trophime, Sainte-Croix et Saint-Julien. Le 17 décembre, il supprima les Chapitres de Saint-Trophime et de la Major ; M^r d'Antonelle, accompagné d'un officier municipal et d'un secrétaire, apposa les scellés, le 22, sur les archives du Chapitre de la Major, et le 23 sur la porte de la salle capitulaire de Saint-Trophime. Le 31, il fit la même opération sur la porte de la chaire à prêcher de la métropole ; puis, passant de l'église à la sacristie, il signifia aux chanoines réunis la suppression du Chapitre.

Mr de Bertrand, archidiacre et vicaire général, répondit à cet ordre : « Il nous était permis d'espérer qu'elle échapperait à la destruction, cette église qui, remontant au temps des apôtres, a eu la gloire de devenir le berceau du christianisme dans les Gaules, et qui était pour cette antique cité la source de mille bénédictions par l'entremise des saints qu'elle a donnés au ciel, et dont nous célébrions avec pompe la fête et l'office..... Nous ne vous dirons pas, Messieurs, ce que nous coûte l'ordre rigoureux que vous nous intimez et qui nous enlève à notre sanctuaire. Des intérêts bien plus chers que la perte de notre état ont le droit de nous affliger. Si la douleur la plus amère doit empoisonner nos jours dans cette dispersion, elle ne pourra être tempérée que par le souvenir de n'avoir quitté notre église que cédant à la force, et fléchissant sous le poids de l'autorité... Notre dernier vœu sera de supplier le souverain maître des empires de conserver dans celui-ci la religion catholique, apostolique et romaine, et notre dernière parole sera l'expression de notre constante fidélité à Dieu, en adorant les décrets impénétrables de sa Providence. »

Antonelle parut ému, mais il rédigea le procès-verbal dans des termes tels que le Chapitre refusa de le signer.

1791. — Le 1ᵉʳ janvier, l'abbé Barras, aumônier de la Légion arlésienne, dit, à midi, la messe dans l'église de Saint-Trophime, consomme les hosties, puis, immédiatement après, l'église est fermée. (P. Véran, *Journal historique de la Révolution*.)

1791. — 4 juin. — Les cloches de Saint-Trophime, qui, depuis le mois de janvier, n'avaient été agitées que le 13 mars, à l'occasion de l'inauguration de la place Antonelle, sonnèrent de nouveau le 4 juin, pour faire honneur à Charles Benoit Roux, ancien curé d'Eyragues, concurrent malheureux de Monseigneur du Lau à la députation, le 31 mars 1789 ; élu, le 22 février, évêque du département et métropolitain des côtes de la Méditerranée, il faisait sa première visite à Arles. Le Club et la municipalité avaient réglé le cérémonial.

On reçut l'évêque intrus sur le bord du Rhône, à Fourques ; le clergé constitutionnel le complimenta à l'entrée du pont de bateaux, à Trinquetaille, sous un arc de triomphe portant cette inscription : « Benedictus (1) qui venit in nomine Domini. » Il se rendit à Saint-Trophime, précédé de la musique, accompagné par un cortège formé d'apostats, d'impies et de viveurs. Les gens hon-

---

1. Le double sens du mot *benedictus* fournit matière à quelques plaisanteries ; mais ce fut principalement sur une claudication mal dissimulée que s'abattirent les quolibets... Les petits polissons imaginèrent de crier Bénézet en sautant à cloche-pied ; et dans le parti *orthodoxe* fut mis à la mode le juron « Couquin de goy ». (E. F., *Les Proverbes du pays d'Arles*.)

nêtes et le clergé fidèle se tinrent à l'écart. Il se borna à faire chanter le *Te Deum*.

Pendant son séjour à Arles, l'intrus donna les ordres sacrés à Gérard Pillier, sous-sacristain de Saint-Trophime ; à Pierre Guibert, marin ; à J.-B. Costaing, cuisinier du couvent des Grands Carmes, et à Pierre Rousseau, garçon perruquier. Le clergé de l'évêque était peu nombreux ; il manquait de considération ; les nouvelles recrues n'étaient pas à même de lui donner du prestige.

1791. — 2 décembre. — Un service solennel est célébré dans l'église de Saint-Trophime par le clergé réfractaire au serment et soumis à Mgr du Lau, à l'intention des victimes des massacres commis dans la Glacière, pendant la nuit du 16 au 17 octobre. Mais bientôt les fidèles furent contraints d'abandonner leurs chères églises de Saint-Trophime, de la Major, de Sainte-Croix, etc., qui furent livrées aux schismatiques et restèrent désertes. Ils se réunirent avec une affluence remarquable dans les deux églises des Dominicains et des Cordeliers, laissées seules à l'usage des prêtres qui avaient leur confiance. Vers le milieu du mois de mars suivant (1792), on les fit fermer et plusieurs prêtres non jureurs furent arrêtés. Alors deux grands vicaires, Mr de Pazery et Mr de Foucaud, le doyen de la Major, Mr Nalis, et plusieurs autres prirent la fuite. Quant à Pierre de Bertrand de Ferris, aussi grand vicaire de Monseigneur du Lau, on sait qu'il s'était retiré, dès le mois de juillet 1791, dans le département de l'Ariège, à la Bastide de Sérou, d'où il continua de correspondre avec son évêque.

1792. — Le 2 septembre eut lieu, aux Carmes de Paris, le massacre d'un grand nombre de victimes, parmi lesquelles se trouva, en première ligne, Monseigneur du Lau. Le même jour, cinq prêtres du diocèse d'Arles tombèrent sous les coups des assassins ; leur martyre a illustré l'église de Saint-Trophime ; nous devons conserver leurs noms. Ce furent : Mr Pierre-François de Thorame de Pazéry, vicaire général et sacriste en dignité ; Mr Armand de Foucault, aussi vicaire général ; les deux frères Pazéry, neveux du grand vicaire, et Mr de Lubersac, chanoine d'Arles et aumônier de Me Victoire, tante de Louis XVI. Deux jours plus tard, à l'Abbaye, fut massacré Mr Chapt de Rastignac. Enfin, le 12 août 1794, Mr de Brie, aussi chanoine d'Arles, périt à l'île d'Aix, victime des mauvais traitements qu'il eut à subir.

1793. — La chapelle de Saint-Jean Baptiste s'est écroulée sur le tombeau des Ferrier, faute de l'entretien nécessaire à sa conservation. Le 24 janvier on fait le devis des réparations exigées par la chûte de la toiture, mais le projet est toujours resté sans suite.

1793. — Après le 9 thermidor, M. Mercurin rétablit dans Saint-Trophime le culte orthodoxe, sans bruit et avec l'assentiment du curé intrus, Coste ; mais il en fut bientôt expulsé. (Abbé Constantin. *Paroisses d'Arles*, p. 77).

1794. — 5 mars — L'église métropolitaine est affectée au culte de la déesse *Raison*, représentée par une vile prostituée, qui trône sur l'autel à la place de l'image du Sauveur.

1795. — mars — Une visite à Saint-Trophime pendant la Révolution : « Au frontispice, je lis avec horreur cette inscription : « Temple de la Raison. Le peuple français reconnait l'Etre suprême et l'immortalité de l'âme. » Je m'empresse d'entrer dans ce temple... je savais déjà que l'or, l'argent, les bustes des saints, les reliques, le fer, les grilles, le marbre, les boiseries, les tapisseries, les étoffes, les ornements, le linge, les meubles en avaient été enlevés... Je ne suis pas plus tôt dans son enceinte que mes regards se fixent sur un tableau représentant l'*Assomption de la Vierge*, placé devant la chaire à prêcher. — Eh ! quoi, dis-je, des athées reconnaissent encore cette grande reine ! — Non, me répond un vénérable vieillard ; ils ne la regardent que comme une déesse de la Liberté. Firmin Lardeirol, prêtre apostat, en a fait l'apothéose en septembre dernier, dans un discours qu'il prononça... »

« Je porte ensuite mes regards sur le sanctuaire ; je n'y vois plus ces superbes grilles de fer qui l'entouraient autrefois et qui en faisaient le plus bel ornement ; je ne vois plus ces lambris, ces sièges du prélat et des chanoines qui décoraient le chœur. Au lieu du superbe autel, je ne trouve plus qu'une espèce de théâtre que le vieillard me dit avoir été dressé pour y placer, dans les grandes fêtes du nouveau culte, tantôt les bustes de Brutus et du monstre Marat, les idoles du jour, tantôt une déesse de la Liberté, représentée toujours par une jeune fille richement parée. — Du côté de la sacristie, je ne trouve plus la statue de saint Louis Allemand, cardinal, archevêque d'Arles ; son épitaphe n'existe plus. — Dans le chœur, dans la chapelle de Saint-Genest, dans celle des Rois, je trouve que les tombeaux des Janson, des Grignan, des du Laurens, archevêques, ont été ouverts dans l'espoir sans doute d'y trouver des cercueils de plomb, ou peut-être pour profaner leurs ossements. — Derrière le chœur, je trouve également ouvert le tombeau où fut enterré en 1614 le prince de Guise. » (P. Véran : *Ma conduite pendant la révolution*).

1798. — janvier. — L'administration décida que les actes civils des mariages seraient passés dans l'église de Saint-Trophime, qu'elle inaugura comme temple décadaire. (P. Véran, *Journal historique de la Révolution*).

1799. — Le 20 mars on fêta la souveraineté du Peuple. L'administration fit intaller sur le maître-autel de Saint-Trophime l'emblême de la déesse de la Liberté, et un autre emblême représentant l'abolition de la royauté et la force de la République.

Le lendemain eut lieu l'ouverture des assemblées primaires. La section de Saint-Trophime tint sa réunion dans l'église pendant que les prêtres constitutionnels y célébraient l'office du Jeudi saint. Ce fut un spectacle triste et scandaleux. On vit ce jour là pour marguillières de la Vierge une Bébette, une Belle Patronne, etc. Le lendemain, Vendredi saint, le citoyen Aubert, ex-dominicain, prêcha la passion ; après le sermon, la section continua ses séances. (P. Véran, ibid).

XIXe siècle. — 1801. — En vertu du Concordat se fit la suppression légale de l'Archevêché d'Arles, et son union à l'Archevêché d'Aix. Le 8 août, l'église de Saint-Trophime fut solennellement rendue au culte catholique. Mgr de Cicé, archevêque d'Aix, y célébra la messe, et entonna le *Te Deum.*

Cette fête dut faire revivre bien des souvenirs ; on put se croire ramené aux temps qui précédèrent la révolution, où la basilique de Saint-Trophime était réservée pour les réunions du Chapître et les offices pontificaux. Mais bientôt l'illusion disparut ; cette église si ancienne et si illustre avait perdu son titre dix-huit fois séculaire de métropole, et était placée au rang des paroisses du diocèse d'Aix. Plus tard on fera revivre son titre de *Primatiale,* on lui rendra celui de *basilique,* mais elle n'oubliera jamais qu'elle est restée veuve de son Pontife.

La nouvelle paroisse fut formée des trois paroisses supprimées de N. Dame la Principale, devenue église de Sainte-Anne vers le milieu du 17e siècle, de Saint-Martin et de Saint-Lucien. Le titre de curé fut donné à M. Jacques Constant, arlésien, précédemment curé de Saint-Julien. Il avait émigré pendant les mauvais jours en Italie, où le Pape Pie VI lui donna les pouvoirs de vicaire général. Il se montra digne du choix qu'on avait fait de sa personne. Il publia les œuvres de Mgr du Lau ; il administra la paroisse jusqu'en 1823 ; il se retira avec le titre de chanoine à Aix, où il mourut en 1825.

1802. — 19 septembre. — Un service funèbre est célébré dans l'église de Saint Trophime pour l'âme de Mgr

de Cicé. Tout le clergé de la ville, toutes les administra-
tions et une foule immense y assistèrent. Un mausolée
avait été dressé au milieu de l'église par Victorin Maly,
menuisier, sur les dessins de Jean Prat, orfèvre.

1807. — 5 et 19 juillet. Le clergé, réuni dans Saint-
Trophime, a chanté le *Te Deum* en action de grâces des
dernières victoires ; les autorités ont assisté à ces cérémonies. *(Journal de Bonasse)*

1814. — Le 2 septembre, jour anniversaire de la mort
de Mgr du Lau, massacré en 1792, dans l'ancienne
église des Carmes, est célébré un service solennel dans
l'église de Saint-Trophime. « L'abbé de Truchet, chanoine de l'ancienne métropole, dit un mémoire du
temps, a officié ; M. Constant, curé de Saint-Trophime,
a prononcé l'oraison funèbre. Une messe à grand orches-
tre, de la composition du sieur Hugues, ancien maître
de chapelle de l'église d'Arles, a été exécutée par les
amateurs, sous la direction du sieur Bouisset, élève du
sieur Hugues. »

1814. — 14 octobre. Une députation arlésienne fut
présentée au roi ; elle était composée de MM. Constant,
chanoine honoraire d'Aix et curé de Saint-Trophime,
Mercier, prêtre bénédictin, le comte de Coëtlogon, chevalier de l'ordre royal de Saint-Louis, le comte de Cler-
mont-Lodève, chevalier de Saint-Louis, François Gibert
et Antoine Beuf. Elle avait pour objet de solliciter le
rétablissement du siège archiépiscopal d'Arles. Le roi
répond qu'il tâchera de réparer les malheurs subis par
la ville, et qu'il examinera la demande des députés ; il
confère en même temps la décoration du Lys à tous les
fabriciens de l'église Saint-Trophime.

1817. — Du 2 novembre au 21 décembre, une grande
mission fut prêchée dans Saint-Trophime par MM.
Rozan, Fayet, Férail et quelques autres prêtres de la
congrégation des Missions de France, groupés autour
de M. de Mazenod, fondateur des PP. Oblats. La ville

entière fut renouvelée par ces prédications (1). Une inscription commémorative très élogieuse fut adossée au 3e pilier, face à la chaire, pour rappeler aux habitants d'Arles la mission et le nom des principaux orateurs. Elle a disparu lors de la restauration de l'église en 1870.

1817. — Dans le courant de cette année, l'église de Saint-Trophime fut à la veille de reprendre son vieux titre de métropole, sous l'invocation des saints Trophime et Etienne ; l'évêque de Soissons, Mgr de Beaulieu, fut préconisé archevêque le 1er octobre ; il choisit ses trois grands vicaires, MM. Constant, Dorée et Filhol, ainsi que les nouveaux chanoines. Après quelques années d'attente, le projet sombra.

1843. — Un arrêt du conseil d'Etat met la municipalité hors du sanctuaire de Saint-Trophime, où elle voulait s'installer comme les anciens consuls.

1860. — En 1839, Saint-Trophime fut visité par le duc d'Orléans, et en 1851, 1856 et 1860 par Napoléon III. Cette dernière visite, faite le 8 septembre, eut ceci de particulier que Mgr Chalandon, dans sa harangue à l'empereur, prononcée sous le porche de l'église, dit que par la Croix du Labarum, apparue à Constantin aux environs d'Arles, le grand empereur avait remporté la victoire sur les ennemis de la religion et de l'empire, et que par ce même signe l'empereur des Français vaincrait les ennemis de l'empire et de l'église, ajoutant le vœu que Sa Majesté assurât au Pape la liberté et l'indépendance nécessaires à l'exercice de son pouvoir suprême. L'empereur répondit : « Je vous remercie des paroles que vous m'avez adressées : allons aux pieds des autels demander à Dieu les grâces qui me sont nécessaires pour m'acquitter de la mission dont il m'a chargé. » Or,

---

1. On rapporte à cette mission la vocation au sacerdoce de M. Faillon, alors employé de la sous-préfecture, qui a écrit les *Monuments inédits*, œuvre savante en faveur des traditions provençales.

il venait, en passant à Chambéry, de donner secrète-
ment son assentiment à l'invasion des Etats Pontificaux,
et le lendemain, à Marseille, il allait protester par une
note officielle qu'il ne tolèrerait jamais cette coupable
agression. Toute la politique impériale, faite d'hypocrisie, est dépeinte dans ces deux actes.

§ VI⁰. — RESTAURATION DE SAINT-TROPHIME SOUS LA DIRECTION
DE M. REVOIL (1870-73).

La belle église de Saint-Trophime, bâtie dans le roman
le plus pur sous saint Virgile vers l'an 604, réparée inté-
rieurement et embellie par un portail remarquable aux
XIᵉ et XIIᵉ siècles, prolongée par la construction du
chœur gothique vers le milieu du XVᵉ siècle, fut sous
J.-B. de Grignan, vers la fin du XIIᵉ siècle, modifiée dans
le style byzantin.

Quand l'heure de l'engoûment pour le style néo-
grec eut passé, on ne cessa de protester contre ces mu-
tilations, et des voix autorisées réclamèrent la disparition d'une disparate qui avait le double inconvénient de
choquer le bon goût et de nuire à la solidité de l'édifice.
En 1869, le gouvernement alloua 18.000 fr. pour commencer la restauration jugée nécessaire. D'autres sommes furent accordées successivement, mais les évènements politiques, la guerre avec l'Allemagne retardè-
rent de plusieurs années l'achèvement des travaux.
Pendant ces années, trouvées bien longues, le service
paroissial se fit dans la chapelle du collège. L. Réveillé
de Beauregard a si bien apprécié cette restauration, que
nous nous croyons d'avance excusé de nous borner à le
citer textuellement:

« Quant aux travaux de reconstruction exécutés par
M. Revoil, architecte diocésain, en 1870, ils étaient nécessaires pour remettre l'église dans l'état où elle se

trouvait au XVIIe siècle, avant la transformation et la mutilation que, dans une pensée d'agrandissement, on lui avait fait subir sous l'épiscopat de Mgr de Grignan. On a rétabli tels qu'ils étaient autrefois les deux assises et les piliers dans la grande et la petite nef. Les arcs doubleaux correspondants aux assises ont été également remis. Les fenêtres romanes qui avaient été transformées, et celles du nord qui avaient été supprimées à cause du vent, ont été rétablies en leur ancienne forme, celles du nord semblables aux autres qui étaient moins grandes.

« Enfin on a supprimé les tribunes qui avaient été construites en style de l'époque sur les bas-côtés et la porte d'entrée. On a laissé celles des transepts, lesquelles peuvent donner, avec les grandes fenêtres les éclairant, une idée de ce qui existait dans le reste de l'église.

« Depuis que l'œuvre confiée à M. Revoil, l'intelligent architecte diocésain, est achevée, les connaisseurs, les amateurs et les curieux n'ont cessé de se montrer unanimes sur le mérite de la transformation qui a rendu à l'antique basilique de Saint-Trophime son véritable caractère primitif, perdu par l'empreinte que le XVIIe siècle avait laissée sur elle... » (L. Réveillé de Beauregard. *Promenades dans la ville d'Arles*, p. 56-7.)

Après avoir été ainsi restaurée, l'église de Saint-Trophime, monument historique, est redevenue une des œuvres classiques de l'architecture romane ; elle compte parmi les belles cathédrales de France. C'est la plus vaste église du diocèse d'Aix. Elle mesure 80 mètres de long, 28 mètres de large, 20 mètres de haut, et 2.400 mètres de superficie. (Abbé Constantin : *Nos Paroisses*.)

1875-77-82. — Les papes Pie IX et Léon XIII ont accordé chacun des privilèges à l'église de Saint-Trophime en souvenir de son antique renom : *Gallula Roma Arelas*.

L'archevêque d'Aix, successeur de saint Trophime et de saint Césaire, fut autorisé, le 15 novembre 1875, à porter l'ancien titre de Primat ; l'église reprit le nom de *Primatiale.*

Bientôt, le 1er juin 1877, le pape Léon XIII rappela l'ancien Chapitre par l'institution de 12 chanoines honoraires qui furent installés le 30 septembre, jour de la fête de saint Trophime, par Mgr Forcade ; Mgr de Peretti, auxiliaire d'Ajaccio, rehaussa la solennité par sa présence.

Enfin, le 24 janvier 1882, Léon XIII conféra à l'église de Saint-Trophime la dignité de *basilique* mineure ; cinq jours plus tard, Mgr Forcade, assisté de Mgr Vigne, évêque de Digne, en fit l'érection.

1889. — Des travaux importants sont exécutés dans la chapelle de Saint-Genès.

1892. — Le centenaire du martyre de Mgr du Lau est célébré en 1892 par un triduum avec une pompe exceptionnelle : un mausolée monumental et les décorations de l'église font à la fois ressortir la tristesse de passé et naître les espérance de l'avenir. Des orateurs remarquables, M. le chanoine Reynaud, archiprêtre du Saint-Sauveur d'Aix ; M. l'archiprêtre de Beaucaire, et Mgr de Cabrières, prirent tour à tour la parole, et prononcèrent de brillants discours.

1895. — La paroisse de Saint-Trophime fête le 25e anniversaire du ministère pastoral de M. Bernard, curé, archiprêtre d'Arles. La ville tout entière s'unit aux paroissiens de la Primatiale pour multiplier en cette circonstance les témoignages de reconnaissance, d'estime, de vénération à l'auteur des *Origines de l'église d'Arles*, de la *Primatie*, de l'*Histoire de la Basilique de Saint-Trophime*, de celle de *Mgr Jean-Marie du Lau*, du *Cloître de Saint-Trophime*, des *Reliques de la Primatiale.* M. l'abbé Bernard partagea son temps entre ses fonctions curiales, les œuvres de charité et les études sur l'église dont il garda l'administration depuis 1870 jusqu'en 1900. Il mourut avec le titre de vicaire général honoraire qui lui fut donné à l'occasion des fêtes célébrées à Saint-Trophime en 1897.

1897. — Les 10, 11 et 12 octobre, le 13ᵉ centenaire du sacre de saint Augustin de Cantorbéry fut marqué par un triduum solennel dû à l'organisation de M. Bernard, qui en avait conçu le projet comme de tant d'autres fêtes destinées à faire revivre les gloires passées de sa chère église. Son Eminence le cardinal Vaughan, archevêque de Westminster, en eut la présidence ; Mgr l'archevêque d'Aix y assista, ainsi que Mgr Scaresbreck, ancien évêque de l'île Maurice, Mgr Burne, évêque de Southwarck, et trois abbés bénédictins.

Le premier jour, Mgr de Cabrières, évêque de Montpellier, parla de saint Virgile ; le deuxième jour, Mgr Béguinot, évêque de Nîmes, fit l'éloge de saint Grégoire, et le troisième jour, le cardinal Vaughan entretint l'assistance de saint Augustin et de l'église catholique au XIXᵉ siècle en Angleterre (1). Plus de 200 prêtres se joignirent aux princes de l'église et assistèrent à cet anniversaire resté mémorable par la beauté des offices pontificaux, les exécutions musicales et la décoration de l'église. La foule des fidèles fut immense. Comme souvenir fut dressée la nouvelle chaire à prêcher. Jamais chaire n'a été consacrée par tant de discours de la plus belle éloquence.

C'est par la mention du sacre tant de fois séculaire que nous terminons la partie historique du monument qui nous occupe ; c'est la cérémonie elle-même de la consécration épiscopale conférée en 597 par saint Virgile à saint Augustin, qui termine pour ainsi dire

1. Saint Grégoire, pape, avait envoyé le moine Augustin en Angleterre, et saint Virgile l'avait sacré évêque dans la basilique constantinienne d'Arles.

l'existence historique de la basilique constantinienne. Bientôt (604) saint Virgile inaugura la cathédrale qui est encore debout et qui, plusieurs fois modifiée, a conservé cependant une partie des murs qui furent témoins du grand fait accompli en 597, ne fut-ce
que les substructions où se trouvait l'église primitive.
Elles durent tressaillir ces murailles, lorsqu'elles entendirent raconter les gloires de l'église d'Angleterre par
la bouche autorisée du cardinàl. C'était la preuve de
tradition de l'apostolicité de l'église d'Outre-Manche
par l'origine apostolique de l'église d'Arles, car les pierres mêmes de l'édifice proclament à leur façon cette
origine. — « J'aime beaucoup l'église de Saint-Trophime, nous dit un jour M. l'abbé Pougnet, architecte
de l'église de Saint-Vincent-de-Paul de Marseille, car je
remonte par ses murs jusqu'aux temps apostoliques,
chaque siècle y ayant laissé l'empreinte de sa main. »

Deuxième Partie

Afin de ne pas ralentir le cours de notre étude historique sur l'église de Saint-Trophime, nous avons dû nous borner à mentionner avec leur date certains détails qui, quoique secondaires, ont dans leur ensemble une grande importance au point de vue de la connaissance complète du monument qui nous occupe ; tels sont la construction des chapelles, du porche, du cloître, du clocher, des Fonts baptismaux ; l'établissement du maître-autel, de la chaire à prêcher, des orgues ; les richesses en reliques, objets d'art, tableaux, tentures, etc. Nous inspirant de l'ordre donné par Jésus-Christ à ses apôtres : *Colligite fragmenta ne pereant*, recueillez les parcelles pour les conserver, nous avons réuni ces diverses pièces éparses, et nous allons les présenter en des chapitres séparés dans cette deuxième partie.

CHAPITRE PREMIER

Intérieur de l'Église

1º — CHAPELLE DE SAINT-JEAN-BAPTISTE, OU DES FERRIER.

La chapelle de Saint-Jean-Baptiste, ou des Ferrier, était à main droite, avec son ouverture dans la 2ᵉ travée de l'église. Elle est en ruine depuis 1793. Un grand arceau muré en indique l'entrée future. L'archevêque d'Arles, Jean VIII de Ferrier, en jeta les fondements au XVIᵉ siècle ; ce fut son neveu et successeur (1524-50) qui la fit achever.

Jean VIII mourut à Marseille le 17 janvier 1521 ; il fut transporté à Arles deux jours après, et enseveli dans la chapelle inachevée. Son neveu, Jean IX de Ferrier, l'ayant remplacé sur le siège d'Arles, lui fit élever un superbe mausolée avec l'inscription suivante : « Deo opt. max. Johanni Ferrerio decret. doct. ex oppido Tarrega provinciæ Terraconensis, episcopo Melphitano, demum archiep. arelat. singulari probitate et religione prædito, cujus prudentia et integritas in duabus amplissimis legationibus, quas jussu Alexandri VI Pont. Max. ad Ferdinandum Siciliæ regem : deinde ad Ludov. XII, regem Galliæ Christianissimum, cum maxima amborum principum approbatione peregit, egregie perspecta, et honoribus ac prœmiis ornata est. Vixit annos LVII, mens. VI, dies X. Massiliæ moritur die XVII janu. MDXXI. »

Après la mort de Jean IX, on ajouta à cette inscription : Joannes Ferrerius in eadam ecclesia successor patruo b. m. sibique posuit, sacellumque hoc construi fecit. »

Jodocus Sincerus (Jean Zinzerling), dans son Itinéraire (1), dit avoir lu ce distique sur le sépulcre de l'archevêque Jean Ferrier :

> Quisquis ades, et morte cares, en respice, plora.
> Sum quod eris, modicum cineris : pro me, precor, ora.

« La sépulture de Jean Ferrier était en forme d'autel antique, de marbre noir parqueté de blanc, où son corps est en habit pontifical, relevé et représenté d'un fort bon et docte ciseau... L'archevêque d'Arles, Jean Ferrier, oncle, tenoit un train de prince, et avoit plusieurs pages gentilshommes et de bonne maison. » (César Nostredame, Hist. de Prov. 703-4). La devise de Jean Ferrier était Usquequo. (Ibid. 733).

Ce sépulcre fut visité vers le milieu du XIXᵉ siècle ; les deux cercueils étaient assez bien conservés. A en juger par les ossements, l'oncle était de haute taille.

L'archevêque d'Arles, Horace Montano, mort à Salon le 11 septembre 1603, fut porté à Arles, et enseveli dans la chapelle de Saint-Jean. On fit de même pour M. Caudier, bénéficier, décédé le 7 décembre 1679.

La voûte de cette chapelle, éboulée en 1793, n'a jamais été relevée, malgré le devis fait le 24 janvier 1793, et le projet de M. Revoil, lors des réparations faites à Saint-Trophime. On dut se borner alors à faire l'arceau de future communication avec la nef.

1. Itinerarium Galliæ et finitimarum regionum, publié à Lyon en 1612, in-12.

2° — CHAPELLE DES ROIS.

L'emplacement où se trouve aujourd'hui la chapelle des *Rois*, à la suite de celle de Saint-Jean-Baptiste, était occupé plus anciennement par deux autres chapelles, celle des Saintes *Maries Jacobé* et *Salomé*, et celle de *Tous les saints*.

L'archevêque d'Arles, Rostang II de Capra (1286-1303), fonda la première, et y fut enseveli, le 10 août 1303. Quant à la seconde, elle fut élevée en 1341 par l'archevêque Guasbert de Laval (1326-46) qui y établit un chapelain bénéficier, et y fit creuser son sépulcre. Ce ne fut jamais qu'un cénotaphe, ce prélat étant mort à Narbonne.

Ces deux chapelles contiguës, de petite dimension, disparurent au xviiᵉ siècle, et furent remplacées par celle des *Trois Rois*, beaucoup plus importante que les précédentes. Voici le procès-verbal de cette transformation.

« Nous, Gaspard du Laurens, par la grâce de Dieu archevêque d'Arles, savoir faisons qu'en l'année 1620 et le 20 février, ayant nous fait le dessein de construire et édifier la présente chapelle sous le titre des *Trois Rois*, ayant fait abattre et démolir deux petites chapelles, l'une sous le titre des *Saintes-Maries*, et l'autre de *Tous les Saints*, dans laquelle chapelle des Saintes-Maries avons trouvé les ossements du bienheureux Rostang de Capra, archevêque, qui vivait en l'an 1300, ayant appris par la tradition qu'il avait été béatifié, c'est pourquoi nous avons fait reposer, avec l'honneur qu'il appartient, ces mêmes ossements dans cet autel, et encore dans icelui avons fait mettre des ossements de *Bertulphe*, abbé, et des *Onze mille Vierges*. En foi de quoi avons fait dresser la présente attestation, signée de notre nom, scellée du

scel de nos armes. A Arles, le 28 Octobre 1620. (Arch.
de l'église d'Arles, à l'Hôtel de Ville.)

Après qu'il eut fait placer sous l'autel les restes mor-
tels de Rostang de Capra, mort en odeur de sainteté,
Gaspard du Laurens, pour orner ce même autel, y fit
mettre dans un riche rétable, la grande toile de l'*Adoration des Mages*, due au pinceau de Finsonius (1) ; le
prélat y est peint sous les traits du roi Gaspard, son patron, celui-là même qui regarde le visiteur. De plus, il
obtint de grandes indulgences pour ceux qui viendraient
prier dans cette belle chapelle ; il fonda aussi une messe
basse pour chaque jour, six grand'messes par an avec
orgue, le chant des litanies tous les soirs après Com-
plies.

1617 ou 1629. — Il y a arrêt du Parlement qui trans-
fère le service de Saint-Sauveur de la Trouille, alors
ruinée, dans la chapelle des Trois Rois à Saint-Trophime. (Annales de J. Didier Véran.)

1630. — Le 12 Juillet, Gaspard du Laurens mourut
dans son château, à Salon. Il avait fait son testament la
veille. Il fut transporté et inhumé dans son tombeau
qui se trouve dans la chapelle des Rois. (J. D. Véran.)

1669. — Le 3 Juillet, on érige dans cette même chapelle la Confrérie de *N. Dame de Bon Secours*, autrement dite du *Prêt charitable*.

1677. — Le Vénérable Chapitre de Saint-Trophime
confia au sculpteur arlésien Dedieu l'exécution d'un
monument remarquable à la mémoire de Gaspard du
Laurens. L'Ange de la résurrection soulève le couvercle
du tombeau, d'où semble se relever le pontife sculpté
d'après nature. Assise au pied du tombeau, une mère
allaitant un enfant et en abritant un autre sous son man-

---

1. Ce tableau, peint en 1614, fut payé 300 écus à l'auteur ;
l'Eglise de Saint-Trophime possède plusieurs autres toiles du même peintre belge. — Voir le chapitre consacré aux tableaux.

teau, figure l'image de la Charité. Au-dessus sont groupés trois anges qui présentent l'écusson du prélat : laurier de sinople, au chef d'azur chargé de trois étoiles d'or, et l'épitaphe dont voici le texte :

« Gaspar a Laurentiis archiepiscopus et fundamentalis ecclesiæ arelatensis petra, jacere hìc voluit, ut, qui sacellum istud à fundamentis erexit dùm viveret, auxitque redditibus, mortuus æternum ipse sit ejusdem fundamentum et gaza. Anno æræ christianæ MDCXXX, die julii XII. » (1).

Le caveau du Chapitre, pour la sépulture des chanoines, était dans la chapelle des Rois au XVIIIe siècle. (2)

1765. — 1er Décembre. — On a mis la grille de fer à l'entrée de la chapelle des Rois. (Mém. de Vallière). Cette grille a disparu dans les travaux de restauration faits en 1870. A la même époque, on déposa dans cette chapelle une pierre oblongue, arrondie sur deux de ses angles, que l'on considère comme ayant servi de marche au trône épiscopal, du temps de Saint-Césaire, et aussi toutes les pièces qui composaient la chaire en marbre que Mgr du Lau avait fait placer dans la basilique.

1892. — Une croix avec socle en marbre fut érigée en face de la chaire, sous l'arceau de la chapelle des Rois, en souvenir de la mission prêchée en 1892 par les PP. Rédemptoristes. Peu après (1897) furent appendues aux murs des tentures avec sujets ayant trait aux Croisades. Enfin en 1904, un nouvel ornement fut introduit dans la chapelle, consistant en une excellente copie du *Martyre de sainte Cécile*. Cette reproduction est due à Balze qui en a fait don à la paroisse.

1. C'est à ce même évêque que Saint-Trophime doit la remarquable statue en marbre (1618) qui orne la chapelle de la Sainte-Vierge.

2. Le prévôt du Chapitre, de Grille, fit ouvrir en 1769 un caveau spécial pour les prévôts, en avant de la chapelle de la Sainte-Vierge ; nul autre que lui n'y a été déposé ; ce fut en 1772.

3° CHAPELLE DE SAINT ÉTIENNE.

Saint-Étienne, diacre, 1ᵉʳ martyr, seul titulaire de la principale église d'Arles pendant mille ans, a dans cette église une chapelle désignée par son nom : c'est la première des chapelles rayonnantes de droite, après le transept ; elle est du xvᵉ siècle, et date de la construction de l'église gothique.

Dès l'année 1492, Henri de Villagiis, seigneur de la Chassaigne, reçut du Vénérable Chapitre concession de cette chapelle pour lui et pour les siens, avec le titre de juspatron, comme il en est fait mention dans l'inscription suivante :

D. O. M.

Anno Dni 1642 die 24 januarii hoc
sacellum nobilissimo Henrico de Villagiis
Dno de la Chassaigne pio favore et spe-
ciali gratià Venerab. Cap. Stæ Ecclesiæ
concessum pro se et suis, necnon patronus cjusmodi sti Stephani sacrarii à majoribus suis juspatronatus conditum anno
Dni MCCCCXCII et die 26ᵃ februarii, ac
novissimè dotatum et illust. per D. Henr
ad celebrand. missam tribus diebus heb-
domadæ sct Lunæ, Mercu. et Veneris ;
nota sumpta per mag. Barth. Desvignes,
tab. pub. arelat. anno 1643 die 3 mensis januarii.
Jacent hìc D. Villag. et nobili. Ant. de Roumieu conjuges.
Orate pro eis.

Cette chapelle possède la statue de saint Etienne dans une niche en marbre, et le tableau de son martyre.

4°. — CHAPELLE DE SAINT ROCH.

La chapelle de saint *Roch* fait suite à celle de saint

Etienne, et remonte à la même époque comme construction. Elle possède, dans un reliquaire surmonté de la statue de saint Roch, la majeure partie du corps du saint, en provenance des Trinitaires d'Arles, à qui le maréchal de Boucicaut en avait fait don, au XVe siècle.

La dévotion à saint Roch devint populaire à la suite de la procession où fut portée son image, et à laquelle assistèrent les Pères du Concile de Constance, présidée par le cardinal de Brogny, archevêque d'Arles. Le vœu d'une procession dans la ville avec les reliques de saint Roch fut prononcé en 1630 par les consuls d'Arles. Cette procession a subi le sort de toutes les autres : on les a interdites sous la troisième république.

Contre le mur de la chapelle est appendu le tableau de saint Grégoire, pape, qui envoya saint Augustin en Angleterre, en passant par Arles, où le moine fut sacré évêque par saint Virgïle en 597.

5°. — CHAPELLE DU SAINT SÉPULCRE.

Avant d'être archevêque d'Arles, Pierre du Cros avait été d'abord moine de Saint-Martial de Limoges, de l'ordre de saint Benoit ; il fonda plus tard à Avignon le collège de Saint-Martial pour les religieux de Cluni, ses frères. Quand il occupa le siège métropolitain d'Arles, il éleva (1381), dans l'église primatiale, une chapelle en l'honneur de son patron, *saint Martial*, apôtre d'Aquitaine, et 1er évêque de Limoges ; il la dota et la donna en bénéfice au Chapitre ; il fonda aussi deux messes quotidiennes à perpétuité, l'une de la Sainte-Vierge, et l'autre de Saint-Martial.

Son intention première avait été d'être enseveli dans la chapelle qu'il avait fait construire ; mais dans son testament du 15 Novembre 1388, il exprima sa volonté que son corps, habillé en moine, fût déposé dans l'église du collège de Saint-Martial, dont il était fondateur à Avignon.

En 1450, le Cardinal Pierre de Foix ajouta quelques ornements à la chapelle de Saint-Martial, fit placer ses armes à la voûte, et lui donna le titre de *Saint-Jérôme et Saint-François*; il y fonda une messe quotidienne à perpétuité ; il y prépara aussi un tombeau qui ne reçut jamais sa dépouille, étant mort à Avignon en 1472. Il en fut de même pour Philippe de Lévis, cardinal et archevêque d'Arles, qui se destina ce même tombeau en 1467, et alla mourir à Rome dix ans plus tard. Les écussons de ces Eminences restèrent vides.

En face de ce mausolée se trouve un tombeau élevé en 1625 à Robert de Montcalm de Saint-Véran, mort à l'âge de 43 ans, enlevé par une fièvre épidémique à la tendre affection de son épouse. Il s'était voué à l'achèvement du canal de Craponne. Sa veuve, Blanche de Châteauneuf, construisit le monument où elle fit inscrire le cri de douleur et de tendresse le plus touchant :

DEO OPT. MAXIMO.

Robertus à Monte Calmo, clarâ Nemausi familiâ ortus, ex... jurisprudentiâ in aulam regiam deductus, primum à Carolo IX ob ingenii acumen, dicendi vim et summam in rebus magnis agendis solertiam, in magno consilio patronus egregius, deindè ab Henrico III liberorum supplicum in regiâ magister, post in aquensi senatu præses constituitur, tum Arelatem Blanchiæ à Castro-novo feminæ, genere, formâ et moribus nobiliss. conjugio commigrans magno applausu civitate excipitur. Dumq. novam patriam prœclaris operibus augere studet, febre populari ibi dum sævissimè grassante correptus collatis in... comicem ejus civitatis sex millibus oreorum coronatorum anno ætatis suæ XLIII moritur summoque suorum cum luctu ibi sepelitur anno MDCXXV calend. novemb.

Nemosum genuit, cognovit Gallia, honores rex dedit, Arelate conjugium et tumulum.

D. O. M.

et amori conjugali sacrum
Vir magnus vixit regi, patriæque, mihique,
Mortuus est aliis, at mihi vivit adhuc.
Uxor pientiss. marito chariss.

Suivent les armes de cette famille avec la devise: « L'innocence est ma forteresse. » (Annales de J. Did. Véran.)

Au-dessus, dans quatre niches ornant la façade du tombeau, sont les statuettes très artistiques de la Foi, de l'Espérance, de la Charité et de la Justice, désignées par leur nom : Fides, Spes, Charitas, Justitia. (1)

Le tombeau de la noble famille de Giannis, transférée d'Arles à Beaucaire en 1590, était dans la chapelle de Saint-Jérôme. (Ms 553 de la Méjanes.)

Aujourd'hui la même chapelle est désignée sous le nom du *Saint-Sépulcre*, à cause de la scène de la sépulture de N. S. reproduite au-dessus de l'autel, où figurent dix personnages, portant le costume dominicain ; c'est d'abord Notre-Seigneur, mis au tombeau, Joseph d'Arimathie et saint Jean, la Sainte-Vierge, les deux saintes Maries (2), sainte Marthe et sainte Madeleine ; enfin deux anges tenant les instruments de la passion.

Avant d'être placée dans Saint-Trophime, cette grandiose représentation de la mise du Christ au tombeau était dans la belle église aujourd'hui abandonnée de Saint-Dominique, rue Neuve. Certains présument que l'auteur appartenait à l'ordre dominicain. L'abbé Cons-

1. Le tombeau de Robert de Montcalm, abîmé par le temps, l'ancienne inscription détruite en partie par l'humidité, ont été réparés ; les statues disparues ont été remplacées vers l'année 1884 par un descendant, le marquis de Montcalm Gozon.

2. A cause de la statue des Saintes-Maries dans ce groupe, le peuple arlésien vient leur rendre là son culte traditionnel les 24 et 25 du mois de mai.

tantin dit qu'on peut attribuer ce groupe en pierre, du XVIe siècle, au sculpteur bourguignon qui a doté d'une œuvre similaire l'église de Saint-Pierre d'Avignon.

Mais c'est l'autel lui-même qui est le plus intéressant, soit par le monogramme du Christ, soit par les personnages qui y sont représentés. N.-S. y est sculpté assis, bénissant d'une main, et, de l'autre, montrant l'Evangile. Il est accosté de deux disciples à genoux, dont l'un, celui de gauche, s'incline plein de respect pour la parole de Dieu, tandis que l'autre, placé à droite, tient une croix à anse, symbole de la vie future. On a avancé que ces deux figures représentent le même personnage dans des attitudes différentes ; ce serait Germinus Paulus, instruit et béni par Notre-Seigneur.

C'est qu'en effet ce marbre servait précédemment d'ornement à l'autel de Notre-Dame de Grâce aux Alyscamps, fait avec le tombeau de saint Trophime, qui était fort simple ; mais c'était en réalité dès le principe le tombeau chrétien de *Germinus Paulus*, qui fut d'abord administrateur général des cadastres, puis gouverneur des neuf provinces. Ce sarcophage est du VIIe ou du VIIIe siècle. Son couvercle est perdu ; quant à l'inscription, sciée depuis longtemps, elle a été recueillie par Saxi, le savant historien de la sainte église d'Arles. (*Pontif. Arelat.*, p. 160). Nous la donnons ci-après :

Vir agrippinensis nomine Germinus hic jacet
Qui post dignitatem prœsidiatûs administrator
Rationum qui novem provinciarum dignus est habitus.
Hic post annos xxxiix Mtt et dies sex fidelis in fata concessit
Cujus insignem gloriam cives sepulchralia adornaverunt.

6°. — CHAPELLE DE LA SAINTE-VIERGE

La chapelle de la Sainte-Vierge fut fondée en 1462 par le cardinal Pierre de Foix, qui passa l'acte du prixfait le

Ier octobre (not[e] Pancrace Salvatoris, f. 30) ; elle fut érigée et dotée sous le titre de Notre-Dame de Pitié par le
pieux évêque, dont les armes à deux vaches paissantes
sont encore visibles au point de départ des nervures des
ogives. Elle bénéficia immédiatement de la moitié des
Deniers à Dieu, versés de temps immémorial dans une
bourse spéciale par les marchands drapiers, chaque fois
qu'ils entamaient une nouvelle pièce de drap ; le produit en était partagé entre la Chandelle ou luminaire de
Saint-Trophime, et la Vierge Marie. Les marchands
ayant fait opposition à cet usage en 1467, le Conseil le
maintint et lui donna force de loi.

Le 5 novembre 1477, les *ouvriers* où fabriciens de
Saint-Trophime donnèrent à faire une petite image de
Notre-Dame (not. Philippe Mandoni). Par la suite (1768),
ce sanctuaire fut décoré par la générosité du chanoine
de Grille, qui fit en même temps creuser sur le devant
de la chapelle un caveau destiné aux prévôts ; il avait
lui-même ce titre ; il y fut déposé en 1772.

Le plus bel ornement de cette chapelle est sans contre-
dit la ravissante statue en marbre de la Mère de Dieu portant son Fils sur son bras. Elle est l'œuvre du génois Léo-
nard Mirano. Elle fut transportée de Gênes à Arles, sur
le navire du patron Fouque, capitaine marin ; elle reçut
la bénédiction liturgique de Mgr Gaspard du Laurens, le 2 février 1619, avant la procession qui l'escorta
et la porta solennellement à Saint-Honorat, en remplacement d'une ancienne statue en bois.

En 1794, les révolutionnaires décidèrent de la détrô-
ner. Le premier citoyen qui s'approcha de la Vierge
pour se faire l'exécuteur de ce projet sacrilège, tomba
et se cassa la jambe. « J'ai vu cet homme, dit Estrangin
(*Etudes sur Arles*, p. 261), il est resté boiteux jusqu'à sa
mort, survenue 40 ans après dans la maison de la Charité, où il avait été admis comme infirme dans les dernières années de sa vie. » Nul n'osa poursuivre l'atten-

tat ; la sainte image fut respectée. Enfin, le 16 février 1799, la statue fut transportée à Saint-Trophime par les capitaines marins, « pour ôter les moyens aux fanatiques qui ne fréquentaient pas l'église *conformiste*, de l'aller adorer par le trou d'une serrure. » (P. Véran, *Révolut.* I.)

La chapelle de la Vierge avait été défigurée par des adjonctions renaissance. Mais en 1897 elle en fut débarrassée, ainsi que de la grille qui en fermait l'entrée ; elle reprit alors son caractère ogival; de plus « la niche du fond est éclairée par trois grands vitraux du plus bel effet qui font ressortir la statue de la Vierge. »

Cette restauration est un hommage offert à ses débuts par M. Léon Véran à la Vierge Marie. On l'appelle Notre-Dame de Grâce, en souvenir de son origine, et elle est la gardienne du Saint-Sacrement, qui réside toujours au tabernacle de son autel. Il est à remarquer que, par sa déviation de l'axe de l'église et son inclinaison à droite, cette chapelle entre tout à fait dans le symbolisme chrétien, et rappelle Notre-Seigneur inclinant la tête au moment de sa mort.

7° CHAPELLE DU SACRÉ-CŒUR

La chapelle du *Sacré-Cœur*, contigüe à celle de la Sainte-Vierge, fait face à la nef latérale du côté de l'évangile. Elle doit remonter à l'époque des travaux accomplis sous le cardinal Allemand. On lui donna d'abord le nom de chapelle des *Anniversaires*, parce qu'on y célébrait les messes de fin d'année pour les défunts ; mais depuis 1614, on la désigna sous le nom des *Guise*. C'est qu'en effet, cette année-là, le chevalier de Guise, un des fils du Balafré, y fut enseveli. Il avait quitté la ville d'Arles, où il avait été reçu par les consuls, accompagnés par 260 chevaux et 150 arquebusiers, pour aller aux

Baux. Le 1ᵉʳ juin, un dimanche, pendant qu'il dînait au château, on tirait trois canons au dehors ; au moment de repartir, il dit aux gentilshommes qui l'accompagnaient : « Je veux vous faire voir que je sais braquer et tirer le canon. » Le canon éclata et le blessa grièvement ; il vécut encore une heure et demie. D'après sa volonté, son corps fut conduit à Arles ; on le déposa dans l'église des Capucins pour l'embaumement ; de là on le porta, par commandement du duc de Guise, au mois de septembre suivant, en procession générale, à l'église de Saint-Trophime, où on le déposa dans un caveau placé devant l'autel des *Anniversaires*. La ville d'Aix obtint du Parlement le cœur de ce lieutenant du roi qui fut mis dans le caveau des archevêques. Le cartel sépulcral porte :

1614

Semper erat meritis impar, data gloria sæcli ;
Cœlestem merito contulit ergo Deus.

« La gloire de la terre fut toujours au-dessous de ses mérites ; Dieu lui a donné à juste titre la gloire du ciel. »

Dans cette même chapelle avait été enseveli déjà, en 1566, un illustre piémontais décédé à Arles. C'est ce qui est indiqué par l'inscription suivante gravée sur la pierre tumulaire :

Ic IASSET Franchiscus de Rodolphis de Bere en Piedmont.

Un beau tableau appendu au mur de la chapelle du Sacré-Cœur représente la scène mystique de Notre-Seigneur échangeant son cœur avec celui de sainte Catherine de Sienne. Sur une autre toile, placée vis-à-vis, est peint le Sacré-Cœur adoré par les anges. On ne sait pas à quelle époque le nom du Sacré-Cœur remplaça celui des Guise ; il est probable que ce fut au cours du XIXᵉ siècle.

Dans le principe, une petite porte établie dans l'angle, en face de l'autel, mettait en communication l'église avec le dehors, par un escalier suivi d'un couloir pratiqué entre deux maisons voisines, aboutissant sur la place de Caïs, où l'on voit encore le portail de sortie avec les armes du Chapitre, l'aigle impérial. Le chanoine de Grille, prévôt de l'église d'Arles, fit abolir ce passage et fermer la porte en 1768.

8° — CHAPELLES DES RELIQUES, DE SAINT-JOSEPH ET DE LA CROIX

Ces trois chapelles, adossées contre l'ancienne sacristie, n'attirent guère l'attention à cause de leur étroitesse. Elles n'ont pas d'histoire ; elles datent de la construction des chapelles rayonnantes, vers le milieu du xvᵉ siècle ; nous signalons seulement leur nom respectif et ce qui les distingue.

1° Chapelle des Reliques. La 1ʳᵉ de ces chapelles absidales, à la suite de celle du Sacré-Cœur, était dédiée, pendant le xixᵉ siècle, à l'apôtre d'Arles, saint Trophime. Mais donnant suite à une pieuse pensée en faveur des nombreuses reliques possédées par la primatiale, M. l'archiprêtre Bernard fit aménager cette chapelle, en vue d'y réunir tous ces précieux dépôts. Peintures murales, achat de beaux reliquaires, grille en fer à l'entrée et lustre artistique à l'extérieur, l'un et l'autre d'un travail remarquable, exécuté par Noyer, serrurier, don d'une âme généreuse, ce fut le prélude d'une translation faite le 28 septembre 1884, sous la présidence de Mgr Forcade, archevêque d'Aix et Arles, et de Mgr Vigne, archevêque d'Avignon.

2° Dans la deuxième chapelle est honoré *saint Joseph:* elle n'offre rien de remarquable.

3° Enfin, la troisième est consacrée à honorer la sainte Croix, soit en souvenir de la céleste apparition de la Croix que vit dans l'air, aux environs d'Arles, Constantin à la tête de son armée composée de 80.000 hommes, devenu victorieux par ce signe : *In hoc signo vinces ;* — soit pour rendre un culte particulier aux fragments considérables de la vraie Croix que l'empereur donna ou fit donner par sa mère, sainte Hélène, à l'église de la ville constantinienne.

A remarquer sur la muraille latérale de gauche, le monogramme de Notre-Seigneur copié dans les catacombes de Rome :

$$\begin{array}{c}\text{LE}\\\text{PA}\,X\,\text{REX}\\\text{LU}\end{array}$$

La lettre X centrale désigne le Christ, et complète chacun des mots qui expriment ces quatre qualités : le Christ est Roi, Loi, Lumière, Paix.

9. — CHAPELLE DE SAINT-GENÈS.

Dans le bras gauche du transept est la chapelle de *Saint-Genès ;* elle ne porta pas toujours ce nom. En effet, « Guillaume de la Garde, archevêque d'Arles, fit bâtir dans l'église de Saint-Trophime une chapelle au-devant de la sacristie (1), et y fit construire un tombeau pour son oncle, Etienne de la Garde. archevêque d'Arles, décédé le 19 mai 1359, et pour lui-même. Il y fonda 3 ou 4 chapellenies et les dota, leur assignant des revenus considérables sur le village de Grans, au diocèse d'Ar. les, afin qu'on y dît la messe tous les jours, et en donna le juspatronat à Pierre de la Garde, demeurant à Tulle. La 1ʳᵉ était sous le nom de Saint-Barthélemy ; la 2ᵉ, sous celui de Sainte-Marguerite, et la 3ᵉ sous celui des *Onze*

---

1. Il s'agit ici de l'ancienne sacristie contre laquelle sont adossées au midi les trois chapelles de la Croix, de Saint-Joseph et des reliques ; on y pénètre par la chapelle de Saint-Genès.

mille Vierges. Dans le concile d'Apt (4 mai 1365), on accorda 700 ans d'indulgence à ceux qui visiteraient l'église de Saint-Trophime le jour de la fête de ces saints. (L. Bonnemant).

Les armoiries de la Garde sont sculptées à la clef de voûte de la chapelle. Elles portent écartelé de Jérusalem au 1er et au 4e ; au 2e et au 3e, d'azur à 6 étoiles d'or, un pal de même, et à une bande de gueule brochant sur le tout. (Trichaud, *Eglise d'Arles*, III, p. 250, note).

L'archevêque François de Monteil de Grignan fit faire, en 1688, des réparations importantes dans la dite chapelle ; il y fit préparer son tombeau six mois avant de mourir. Son décès eut lieu le 9 mars 1698, à 4 h. et demie du soir ; il avait alors 86 ans. Il fut embaumé le lendemain, et ses entrailles furent déposées dans son tombeau, en attendant ses funérailles qui eurent lieu le 13 mars. Dans sa lettre à sa fille sur la mort de Mgr de Grignan, Mme de Sévigné s'exprime ainsi : « Vous ne sauriez vous représenter combien le mérite, la rare vertu, le bon esprit et le cœur parfait de ce grand prélat me le font regretter. »

Il fut remplacé sur le siège archiépiscopal par son neveu, J.-B. de Grignan, qu'il avait déjà comme coadjuteur. L'abbé Bonnemant donne son opinion sur le nouvel évêque : « Il n'avait pas le mérite épiscopal de son oncle ; il disait mieux, mais ne faisait pas si bien. » *(Notes man. sur Papon* 1, p. 321). Mme de Sévigné parle souvent de M. de Grignan, coadjuteur d'Arles, tout à fait bonhomme et qui aimait à faire des contes. Comme il n'y mettait pas beaucoup de sel, M. de Grignan. son neveu, gendre de Mme de Sévigné, disait : « M. le coadjuteur peut débiter ses contes partout où il voudra, sans crainte de se faire d'affaire avec la gabelle. » *(Encyclopédania*, p. 392). C'est sous l'administration de J.-B. de Grignan qu'on fit subir à l'église Saint-Trophime les transformations dans le style byzantin, heureusement supprimées en 1870-1873. Nous les avons signalées en leur temps.

Quand il mourut, le neveu eut son corps déposé à côté de son oncle, dans le même tombeau. Voici leurs inscriptions sépulcrales juxtaposées:

D. O. M.

In hujus sacelli medio consepulti
Novissimam diem expectant:

Franciscus Adhemar de Monteil de Grignan, Archiepiscopus Arelatensis, primas, et princeps, Regii ordinis commendator, in pauperes largus, in curandâ re ecclesiasticâ cautus, prœsulum norma, oculis, captu, ingenio valens. Annos XLVI hanc sanctam ecclesiam pie prudenterque rexit, magnis meritis et donis exornavit. Vixit annos LXXXVI, Obiit die IX martii, anno MDCLXXXIX.

Joannes Baptista Adhemar de Monteil de Grignan, Francisci ex fratre nepos, in hac Sancta Arelatensi sede patrui coadjutor, post annos XXII successor dignissimus, eximius Verbi Domini prœco, disertissimus cleri gallicani apud Regem orator, hujusce templi ac palatii archiepiscopalis restaurator magnificus, totius diœcesis solamen et exemplar. Obiit die II novembris MDCXCVII.

Le nom des Grignan fut dès lors attribué à cette chapelle, la plus ancienne de toutes, comme fondation, après celle des Trois Rois ; mais le titre de Saint-Genès a prévalu. Contre le mur latéral à gauche est appendu le tableau du martyre de ce saint.

L'autel est surmonté de deux colonnes où serpentent des guirlandes de vigne, avec corniche dominée elle-même par une niche où est placée une statue de la Sainte Vierge ; ce sont les vestiges des décorations faites sous les Grignan.

En 1889, des améliorations furent introduites dans la chapelle de Saint-Genès ; d'abord le bas-relief de l'Assomption fut heureusement encastré entre les deux colonnes. Ce magnifique travail en marbre blanc ornait anciennement l'élégante église des Carmes (1). La Mère de Dieu, entourée d'une légion d'anges, s'élance triomphalement vers les cieux. Les apôtres étonnés entourent son sépulcre vide. Un autre bas-relief, aussi en marbre très bien ciselé, qui servait jadis de base à l'Assomption, est devenu le devant de l'autel de Saint-Genès ; on y voit les Israélites traversant la mer Rouge ; l'armée de Pharaon est à leur poursuite.

<h3 style="text-align:center">10° — CHAPELLE DU PURGATOIRE.</h3>

On ne connaît aucun détail sur cette chapelle ; basse et obscure, elle reste encore plus inaperçue depuis qu'on a établi en face la chaire à prêcher. Les messes de sortie de deuil sont célébrées à son autel. Certainement elle fut construite comme chapelle funéraire, et, s'il nous était permis de faire une supposition, nous oserions bien conjecturer que le tombeau de la famille de Castellane de Peiresc, alliée à la famille de Laval, existait au XVIe siècle dans cette chapelle. Il est certain en effet que les Castellane possédaient un tombeau dans l'église de Saint-Trophime, et d'autre part, il y avait un lieu de sépulture resté anonyme dans ladite chapelle ; on peut donc, ce nous semble, jusqu'à preuve du contraire, l'attribuer aux Peiresc.

<h3 style="text-align:center">11° — CHAPELLE DE SAINT-ANTOINE-DE-PADOUE</h3>

L'origine de cette chapelle ne nous est pas connue, mais nous pouvons affirmer qu'elle existait au début du

1. L'église des Carmes occupait tout l'espace de la rue des Grands Carmes, près la place de l'Hôtel-de-Ville, et sur l'emplacement de plusieurs maisons environnantes, où l'on voit encore des voûtes à riches nervures extrêmement élancées.

xiiie siècle, sous le vocable des saints Simon et Jude, puisqu'il est dit (Trichaud, *Hist, de l'église d'Arles*, t. iii, 108-9) que le corps d'Imbert d'Eyguières, mort en 1202, fut enseveli près de l'autel dédié à ces saints ; or le lieu précis de la sépulture de cet archevêque fut découvert en 1695, à l'endroit même où sont les fonts baptismaux, à côté de la chapelle dont nous parlons.

On croit que saint Antoine de Padoue, de passage à Arles, célébra la messe dans la chapelle des Saints-Apôtres. En souvenir de ce fait, au xixe siècle, alors que le culte de saint Antoine a atteint son apogée de popularité, le nom de ce saint a remplacé celui des saints Simon et Jude ; on y honore une de ses reliques, et sa protection se manifeste envers les pauvres par les offrandes que les fidèles déposent dans le tronc destiné à les recueillir à l'entrée de la chapelle, devenue la chapelle de la *Charité*.

§ 2e. LE MOBILIER

I. — MAITRE AUTEL.

Saint Virgile fit placer (604) sous le dôme l'autel majeur, formé d'une large table en marbre, creusé dans la partie supérieure, avec rebord saillant de trois centimètres environ, pour mieux retenir les offrandes des fidèles pour le saint sacrifice ; il n'avait ni tabernacle ni gradin. Le prêtre officiant avait la face tournée du côté des assistants.

L'archevêque Jean VIII de Ferrier (1500-21) fit construire un riche maître autel qui fut établi au fond du chœur gothique, achevé depuis bientôt un demi-siècle. En 1649, cet autel fut enrichi d'un tabernacle en argent massif, portant en relief la figure des saints les plus illustres de l'église d'Arles. Jusqu'alors, l'Eucharistie

était déposée dans une colombe en argent doré, suspendue au-dessus de l'autel.

Sous Mgr de Grignan (1696), le maître autel fut
replacé sous le dôme. On a fait remarquer qu'on lui
donna la forme romaine pour la première fois, avec
gradin, tabernacle, et la face principale en regard des
fidèles.

En 1702, la Communauté fit faire, pour le prix de 126 l.
10 s., un chandelier ou lustre en laiton, du poids de 115
livres, pour servir de lampe devant l'autel majeur. Quatre lions se faisant face tiennent un anneau destiné à
contenir et supporter autant de flambeaux (1).

Le 8 décembre 1858, Mgr Chalandon, archevêque
d'Aix et d'Arles, fit la consécration d'un nouveau maître
autel, dont la face postérieure, à rinceaux romans, a
appartenu à l'ancien. L'abbé Pougnet s'exprime ainsi
au sujet de cet autel :

« Riche et remarquable est le maître autel de la cathédrale d'Arles. Il est en marbre cipolin et cantonné de
colonnettes ; il n'en reste malheureusement qu'une face
divisée en trois panneaux qu'encadrent les plus fines
arabesques. Il ne manque pas de cippes romains de ce
style, et si l'on me demande de dater cet autel, je serai
embarrassé, tant il me paraît remonter aux belles épo-
ques. S'il n'a pas une telle ancienneté, rapprochons-le
des XIIe et XIIIe siècles. » (Abbé Pougnet, compte-rendu
du Congrès Scientifique de France tenu à Aix en décembre 1866, t. II, p. 353).

2. — CHAIRE.

Le B. Louis Allemand fit placer dans l'église de Saint-
Trophime une chaire gothique en simple pierre, sur

______

1. Cet ex-voto de valeur est actuellement suspendu dans le
chœur, au centre de l'abside, depuis 1870.

laquelle on lisait : « Hoc prædicatorium fuit factum anno MCCCCXL. » On ne peut dire si jusqu'au milieu du XVᵉ siècle on avait continué d'adresser la parole du haut de l'ambon ; toutefois la chaire établie en 1440 étant la 1ʳᵉ dont il soit fait mention, on semble autorisé à conclure dans le sens affirmatif.

Cette chaire fut remplacée par une autre en marbre, due à la générosité de Mgr du Lau. Sur l'ordre secret du prélat, et d'après son plan, l'habile sculpteur portugais Emmanuel Carvalho, établi à Arles depuis 1763, fut chargé de ce travail ; il y employa des marbres et des brèches antiques extraits du théâtre romain. Les emblèmes des quatre évangélistes en rehaussaient la belle ordonnance. L'Ange et l'Aigle supportaient l'abat-voix en bois doré ; le bœuf et le lion, la vasque. La pose en fut commencée le 2 octobre 1780 ; le cul-de-lampe fut placé le 11 ; le premier sermon fut donné le 1ᵉʳ novembre suivant, en la fête de la Toussaint, par un P. capucin.

La révolution laissa en place la chaire de Mgr du Lau ; ses orateurs s'en servirent ; on ne la déposa que pendant la restauration de la basilique en 1870. Elle fut alors remplacée provisoirement par une chaire en bois, qui fut en usage jusqu'en 1897.

On regretterait davantage la disparition de ce souvenir de l'évêque martyr, si une chaire monumentale n'avait été construite et inaugurée à l'occasion des fêtes du 13ᵉ centenaire du sacre de Saint Augustin de Cantorbéry dans l'église primatiale, présidées par le cardinal Vaughan. Ce fut Mgr Gouthe-Soulard, archevêque d'Aix, qui donna la bénédiction liturgique, le 10 oct. 1897, à la nouvelle chaire. « C'est l'œuvre magistrale de M. Revoil, habilement exécutée par M. Cantini, le célèbre marbrier de Marseille. Le dorsal et l'abat-voix, très-beau travail de sculpture sur bois, sont sortis des ateliers de

M. Dumas, ébéniste arlésien » (*Forum*, 16 oct. 1897). Son style rappelle le XII⁰ siècle.

3. — FONTS BAPTISMAUX

Avant la révolution, la basilique primatiale était exclusivement réservée aux réunions du Chapitre et aux offices pontificaux ; elle possédait pourtant des fonts baptismaux, qui étaient à la même place où nous les voyons aujourd'hui, pour le cas exceptionnel où le sacrement du baptême devait être conféré dans cette église, alors non encore érigée en paroisse. Tel fut le cas qui se produisit en 1767. (Bonnemant, ms. 308 de la bibliot. comm.)

« Le 3 août, Louis Auguste Marie Xavier de Léautaud, fils de Jean Jacques, lieutenant-colonel du régiment Dauphin-Infanterie, et de dame Marie Anne de Franconi, fut baptisé avec la plus grande pompe dans l'église métropolitaine, par J. B. Joseph de Lubersac, capiscol, en présence des consuls en chaperon et d'un brillant cortège. Le parrain fut Louis Auguste, dauphin de France, représenté par le comte du Roure, colonel du même régiment, et la marraine fut Marie Adélaïde Clotilde Xavier de France, représentée par la comtesse du Roure. » (mss. Pomme.)

Le curé de Sainte Anne, paroisse de M. de Léautaud, assista à la cérémonie, malgré le Chapitre, et sur la décision de Mgr l'archevêque (1). (Liv. de raison d'H. Balthazar).

1. Ce fait nous remet en mémoire un ancien brocard que nous reproduisons avec toutes les réserves que comporte le respect dû aux vénérables chanoines de tout pays : « Capitulum est congeries hominum partim doctorum, partim indoctorum, sed suo episcopo omnium inimicorum, per omnia sœcula sœculorum.

Lorsqu'après le rétablissement du culte, l'église de Saint-Trophime devint paroisse, on se servit des anciens fonts pour baptiser, jusqu'en 1819. A cette date furent construits les fonts actuels. On déplaça le tombeau d'Imbert d'Eyguières qui était au-dessus des fonts, à 3 ou 4 mètres plus haut que le sol, et, dans l'enfoncement devenu libre, on mit les nouveaux fonts. (Voir le chap. des Epitaphes). — Comme monument, ils n'ont qu'une valeur relative, mais les principaux détails, le tombeau et les colonnes qui le surmontent, sont d'un très grand prix.

Dans des fouilles faites au xve siècle près du presbytère de la Major, on trouva un certain nombre de colonnes de basalte noir, et d'ordre corinthien. Elles avaient appartenu à quelque temple païen ; on en donna huit à Catherine de Médicis en 1565 ; les autres furent dispersées dans la ville ; les deux qui ornent les fonts baptismaux de Saint-Trophime se trouvaient dans l'église des Grands Carmes au moment de la révolution.

Le tombeau, en marbre, précieux déjà par les souvenirs qu'il rappelle, est un des plus riches de l'ancien cimetière des Alyscamps. Il servit de maître-autel dans l'église de Saint-Honorat jusqu'à la fin du xviiie s., et il a contenu les reliques de ce même saint. Après 1793, la basilique des Alyscamps ne fut plus qu'une ruine. On recueillit les anciens tombeaux dans le vestibule de l'hôtel de ville, puis on les transporta avec beaucoup de débris et d'objets antiques dans l'ancienne église de sainte Anne, N. D. la Principale, dont on fit un musée lapidaire. L'administration céda le tombeau de Saint-Honorat à la fabrique de Saint-Trophime qui en fit ses Fonts baptismaux.

M. Leblant en a donné cette description :

« Deux bandes superposées de bas-reliefs le décorent et contiennent 14 sujets que divisent les colonnes.

1° La multiplication des pains que tient un disciple,

et des poissons dont l'un placé sur un autel semble fi-
gurer l'ἰχθύς divin.

2° Des apôtres : celui du 1ᵉʳ plan tient le *Volumen ;*
devant eux est un *Scrinium* rempli d'autres rouleaux.

3° Un apôtre tient le *Volumen ;* un faisceau d'autres,
roulés aussi, est posé à terre.

4° Le Christ, reconnaissable à ses longs cheveux, lève
3 doigts, et annonce à saint Pierre sa renonciation pro-
chaine ; à ses pieds un coq.

5° St Pierre lève les mains en signe de protestation :
un apôtre.

6° Guérison d'un aveugle.

7° Daniel empoisonne le dragon des Babyloniens.

8° Le miracle du rocher d'Horeb.

9° Le Christ et un apôtre.

10° Le Christ lève la main en regardant l'*Orante* qui
occupe l'arcade suivante, et à laquelle il adresse la parole ; devant lui, une de ces corbeilles où l'on enfer-
mait les *Volumina.*

11° Une figure féminine en prière.

12° L'hémorroïsse aux pieds du Christ.

13° Le Christ et un apôtre ; devant le Christ est un
Scrinium.

14° Le miracle de Cana.

Aux retombées des voûtes sont des colombes becque-
tant des fruits dans des corbeilles, et, au milieu, des
couronnes avec des lemnisques flottants.

On ne voit que le commencement des faces latérales ; le reste engagé dans la muraille, n'en est séparé
que par un petit intervalle où l'on peut à peine passer
la main.

A droite, les mages apportent des présents. Le 1ᵉʳ des
trois montre l'étoile. La Vierge, représentée sans voile,
est assise sur un rocher ; sur ses genoux, le Christ déjà
grand lève sa main droite en regardant les mages ; un
personnage dont le vêtement court laisse une épaule

nue, est debout derrière la Vierge ; c'est la place qu'occupe Joseph dans ce tableau, où sa présence est natu-
tellement indiquée. Le bœuf et l'âne sont couchés aux
pieds de J.-C.

L'extrémité du bas-relief est recouverte d'une masse
de ciment et de galets du Rhône. On y voit le Seigneur
sur l'ânesse qui lui servit de monture dans son entrée
triomphale de Jérusalem.

A la face latérale gauche, Caïn et Abel offrent un sacrifice à Dieu assis sur un rocher. Le Christ debout, tenant une baguette, lève la main, et parle en regardant
un arbre ; bien que celui-ci semble être un olivier, il
s'agit, selon toute apparence, du figuier maudit.

Au rang inférieur sont les trois jeunes hébreux refu-
sant d'adorer un buste d'idole, dont les traits et le ban-
deau même, avec ses bouts flottants au vent, représentent exactement ceux du roi assis à gauche, vêtu, armé
comme un empereur romain. »

(Leblant, *Etude des sarcophages chrétiens antiques de
la ville d'Arles*, p. 41).

4. — BÉNITIER

Le bénitier placé contre le 1er pilier à droite, fut
donné par Messire Melchior de Sanson, chanoine de la
sainte Eglise d'Arles.

5. — ORGUES ET ORGANISTES

A la date du 14 sept. 1469, au f. 103 du registre du notaire Pancrace Salvatoris, on trouve le prix-fait des orgues de Saint-Trophime. Le constructeur *Jean Rebelin*,
s'engage à les établir de tous points semblables à celles
des Frères Mineurs d'Aix, moyennant le prix de 425 fl.
sur lesquels un gentilhomme d'Arles, *Jacques de Grille*,
promet 325 florins, et le Chapitre doit parfaire la somme.

Nous reproduisons d'après le Musée (1878-79), page 111, des extraits de ce curieux document :

« Pour la faisson des orgues. — R et Mi deu esser lo principal de VIII pes en bon ton de gleysa et aura sur aquela clau ambe los dos principals VII canons de fornitura, et sen seguira jusque en FF faut. — Item en FF faut aura dos principals comme dessus ambe nou canons en fournitura et seguira jusqu'à C sol faut — Item en C fahut aura dos principals comme susdit ambe unze canons en fournitura et seguira jusqu'à en C sol-ré-ut lo hault. — Item en C solreut lo hault aura dos principals comme susdit ambe quinze canons en fornitura et seguira jusqu'à La Sol. — Item de La Sol aura dos principals comme dessus dit ambe XII canons en fornitura et en seguira jusqu'à la fin du clavier. Puyeis en après las dichas orgues auran trente huech claus commensant de B. My, et finissant à la doubla de C solfa. »

Ces orgues furent achevées le 4 fév. 1470. A la date du 18 nov. de la même année, dans les comptes du Clavaire de l'archevêque, figure le paiement de la somme convenue : « Ego Monetus Boyssardi, presbiter et clavarius R^{mi} D^{ni} Arelat. Archiep. solvi nob. Jacobo Grillo, co-operario ecclesiœ arelat. et maxime deputato ad faciendum fieri organos in dictâ ecclesia, et juxta mandatum Reverend^{mi} D^{ni} mei, videlicet florenos centum. » (Archiv. de l'Archevêché, reg. côté : Comptes depuis 1614 jusqu'à 1485, f. 200 verso. — ms. 787 de la Méjanes.)

Vers l'année 1503, Jean de Ferrier VIII fit placer de nouvelles orgues dans l'église de Saint-Trophime. Il est hors de doute que cet instrument a dû être remplacé plusieurs fois jusqu'à l'époque de la révolution, où tout fut saccagé en 1794. Alors, et probablement depuis la fin du xviie siècle, l'orgue occupa la tribune construite sous Mgr de Grignan, dans la 5e travée, du côté de l'évangile ; pour avoir accès à cette tribune, on perça une porte dont l'ouverture fit disparaître une partie de la belle inscription en lettres onciales ; le reste en fut complètement masqué par l'orgue.

Cette tribune était tout à fait distincte de celle de la musique dont parle Bonnemant ; cet annaliste détermine la place de cette dernière en relevant l'épitaphe de Michel de Mouriez, « placée, dit-il, contre la muraille, sous la fenêtre de la tribune de la musique dans l'église de Saint Trophime. » D'où il est clair qu'au XIIIe siècle une tribune dite de la musique existait à Saint-Trophime dans le transept, côté de l'épître.

Lorsque le culte fut rétabli, Saint-Trophime fut de nouveau doté de grandes orgues, qui furent établies à la tribune de la 5e travée, comme avant la tourmente révolutionnaire. D'après l'abbé Dalmières, en 1840, l'orgue avait des sons criants et discors ; il était indigne de la basilique. Ces orgues furent abolies et démontées en 1870, soit parce que la tribune qui les contenait dut disparaître, soit parce qu'elles-mêmes avaient besoin d'être remplacées. En attendant un instrument digne de la Primatiale, on se contente encore, après 36 ans, d'un orgue d'accompagnement placé dans le chœur : il a 1 clavier, 8 jeux, un pédalier. Il est sorti de l'atelier de Cavaillé Col (1874).

Parmi les *organistes* de Saint-Trophime, quelques-uns ont mérité par leur talent que leur nom soit conservé ; nous leur donnons une mention.

Le 20 sept. 1619 (not. Claude Saxy, f. 261), *François Trouche*, maître organiste de cette ville, s'engage à toucher et à jouer des orgues à Saint-Trophime les dimanches et jours de fêtes, moyennant un salaire de 20 livres tournois. L'organiste s'oblige en outre à donner tous les jours une leçon à l'un des enfants de chœur.

En 1687, le sieur *Aubert*, bon compositeur, était maître de chapelle de la cathédrale d'Arles. Il avait succédé à *Dominique Margaillan* et à *Campra*.

On peut citer encore comme ayant laissé quelques souvenirs :

Clavis, directeur de l'Académie de musique d'Arles, en 1729 ; — J.-B. Vallière, qui, de 1752 à 1786, a consigné dans son *Mémorial* une foule d'évènements locaux accomplis sous ses yeux.

Annibal Gantès, de Marseille, auteur de l'*Entretien des musiciens* ; — *Alexandre Villeneuve*, d'Hyères, auteur de la *Princesse d'Elide*, etc., l'un et l'autre maîtres de musique à Saint-Trophime.

En 1774, l'abbé Bonnemant trouvait la musique de la métropole « fort mauvaise ». Cent ans après, il aurait porté le jugement contraire, et aurait trouvé « *fort bonne* » la musique exécutée à Saint-Trophime depuis 1874 et, pendant 35 ans déjà, par l'habile organiste et compositeur Simon, dont le talent musical est bien connu et très favorablement apprécié.

6. — TABLEAUX ET TAPISSERIES

Au point de vue architectural, la grande nef de l'église de Saint-Trophime comprend cinq travées indiquées par quatre piliers de forte dimension. Une légère corniche ornée de sculptures délicates règne tout autour à la retombée de la voûte ; des colonnes gracieuses, variées dans leur ornementation, placées à chaque angle des travées, surmontent les arcs doubleaux et servent de repos aux arcades. Cette nef n'a d'autre ornementation mobilière que le tableau de la *Lapidation de saint Etienne*, qui domine l'arceau du sanctuaire, et une tapisserie placée au-dessus de la porte d'entrée.

Par contre les murs des nefs latérales ont reçu des décorations en tapisseries et en tableaux dont nous allons désigner la place, travée par travée, afin que notre étude puisse en même temps servir de guide au visiteur.

Les tableaux présentent des sujets séparés, leur mérite est très inégal ; ils sont l'œuvre de peintres pour la plupart inconnus ; quant à ceux dont les noms de leur auteur ont été conservés, on les trouvera dans le chapitre consacré aux principaux peintres dont les œuvres figurent dans Saint-Trophime. Quant aux tapisseries, que l'on dit être sorties de la manufacture de Beauvais (certains disent d'Aubusson), elles représentent sur dix panneaux, embellis d'une riche bordure, dont quelques-uns sont jumeaux, des sujets empruntés à la vie de la sainte Vierge. Nous les citons dans l'ordre de leur placement.

Le premier sujet, au-dessus de la porte principale, représente le mystère de la *Nativité de la très-sainte Vierge*.

Collatéral du côté de l'épître :

Première travée : a) Tapisserie à deux panneaux ; dans le premier, *Annonciation* à Marie, par l'archange Gabriel, qu'elle a été choisie pour être la Mère du Fils de Dieu ; dans le deuxième, *Visitation* de la sainte Vierge à sainte Elisabeth et à sa famille.

b) Le tableau non signé représente Notre-Seigneur glorieux se montrant à deux de ses disciples, saint Pierre, chef des apôtres, et saint Jacques, le Juste, premier évêque de Jérusalem.

c) Dans le tombeau placé au-dessous, fut enseveli le consul Balby, en 1468.

Deuxième travée : a) Sur la tapisserie : *Nativité de Notre-Seigneur :* Jésus adoré par les bergers.

b) Deux tableaux non signés : *Sainte Anne*, mère de la sainte Vierge, et *Descente de Croix de Notre-Seigneur*, avec personnages costumés à la mode espagnole du XVI° siècle, remarquables par leur pose.

Troisième travée : a) Tapisserie : Epiphanie, *Adoration de Jésus par les rois mages.*

b) Quatre tableaux non signés : 1. Ermite à genoux devant la sainte Vierge élevant son Fils·dans ses bras (école italienne) ; 2. *Saint François de Sales ; 3. Sainte Jeanne de Chantal ; 4. Apparition de Marie* avec Jésus à un prêtre prisonnier pour la foi.

Au-dessous est l'entrée murée de l'ancienne chapelle de saint Jean-Baptiste.

Quatrième travée : a) Tapisserie : *Présentation de Jésus au temple* par Marie, sa mère.

b) Deux tableaux : *Saint Trophime*, premier évêque d'Arles, par Fouque ; *Sainte Agathe*, v. m.—c) Croix, sous l'arceau de la chapelle des rois, érigée par les offrandes des paroissiens, en souvenir de la mission donnée en 1892 par les Pères Rédemptoristes.

Cinquième travée : a) Tapisserie : A l'âge de 12 ans, *Jésus est trouvé par Marie et Joseph au milieu des docteurs* (1).

Collatéral du côté de l'évangile

Cinquième travée : Pas de tapisserie, mais : a) Belle inscription en lettres onciales, remarquables à tous les points de vue. (Voir chap. des inscriptions.)

b) Tableau : *Transfiguration de Notre-Seigneur* sur le mont Thabor. (Copie non signée.)

c) Plaque obituaire de Mgr du Lau, dernier archevêque d'Arles, mort martyr à Paris dans la nuit du 2 septembre 1790.

Quatrième travée : a) Tapisserie : *Noces de Cana*, premier miracle de Notre-Seigneur sur la demande de *Marie*.

---

1. A chaque tapisserie est représentée quelque bête ; celle de Jésus au milieu des docteurs fait seule exception, parce que sans doute, a dit un homme d'esprit, en présence de Jésus les docteurs en tiennent la place.

b) Tableau : Rédemption des Captifs. (Naples, 1612. Acheté en 1614 au prix de 210 livres.)

c) Chapelle des *Ames du Purgatoire*, ancien caveau, avec tableau du Purgatoire.

Troisième travée : a) Tapisserie : *Descente de Croix de Jésus dont le corps est remis à sa mère.*

b) Tableau : *Annonciation* de la sainte Vierge.

c) Chapelle de saint Antoine de Padoue : au rétable, saint Dominique ; Christ en croix.

Deuxième travée: a) Tapisserie: *Mort de la très-sainte Vierge.*

b) Tableaux : Une résurrection (1); l'Aumône, de Parrocel.

c) Fonts baptismaux. (Voir le chap. spécial.)

Première travée : a) Tapisserie à double panneau : *Assomption de la sainte Vierge et Immaculée Conception de Marie.*

b) Tableau : *Le Christ mourant .sur la Croix* (non signé).

La grande nef est ornée, depuis 1889, du remarquable tableau de la *Lapidation de saint Etienne*, peint par Louis Finsonius en 1614, et posé au-dessus de l'arceau du sanctuaire. (Voir le chapitre consacré aux peintres).

Cette même place fut occupée d'abord, en 1501, par une toile en forme de trapèze, représentant une prédication de Saint-Trophime. Cette œuvre (not. André Béguini), confiée par le Chapître, en vertu d'un prixfait

---

1. Alphant, riche et pieux aixois, donnait habituellement l'hospitalité à saint Honorat, évêque d'Arles, quand il passait à Aix. Sa fille unique fut écrasée par une pierre détachée d'un vieux mur. On allait l'ensevelir quand l'évêque arriva. Touché par la douleur et les prières des parents : Prions, dit-il, et l'enfant ouvrit les yeux et sourit à sa mère. La place Saint-Honoré doit son nom à ce fait ; on y établit l'image de saint Honorat qui d'âge en âge a été conservée.

du 23 octobre 1501, au pinceau d'un peintre ambulant, Ferrand de Avendeno, fut remplacé en 1768 par une fresque peinte à la gouache par Joseph Visconti, milanais. Comme dans le précédent tableau, saint Trophime fut représenté prêchant contre le sacrifice de trois enfants, fait à Diane par ses prêtres dans le parvis de son temple, en présence des magistrats et du peuple. Ce sujet, traité par une main commune, a été effacé en 1870, et remplacé en 1889 par la magistrale représentation de la *Lapidation de Monsieur saint Etienne*. La disparition successive des deux premiers tableaux médiocres ne laisse rien à regretter. Seul le cadre en forme de trapèze avait quelque valeur.

Transept. — 1° Côté de l'évangile

Tableau de la *Salutation angélique*, par Finsonius ; *Assomption de la sainte Vierge*, par Sauvan, peintre arlésien du XVIII° siècle. — A la tribune, tapisseries de Beauvais : scènes empruntées au temps des Croisades.

2° Côté de l'épitre

Immaculée Conception, par Sauvan. *Tableau oblong*, peinture sur bois ; il représente la condamnation d'un évêque simoniaque, dans un concile tenu par saint Césaire, présidé par la sainte Vierge assise, ayant près d'elle saint Etienne, premier patron de la basilique.

(Pour tous ces tableaux, voir le chap. suivant.)

7. — PEINTRES ET LEURS ŒUVRES

Nous avons simplement désigné par leur sujet et leur place chacun des tableaux qui figurent dans l'église de Saint-Trophime. Mais parmi ces toiles plusieurs méritent mieux qu'une simple mention ; elles ont une histoire, quelques-unes sont revêtues de la signature de leur auteur ; c'est pourquoi nous leur consacrons un chapitre spécial, en les plaçant d'après l'ordre chronologique par rang d'ancienneté.

1° Dans le transept, près de la sacristie, côté de l'épître : *Concile*. Une fort belle peinture du xve siècle, dont la description est donnée par M. de Lunas (*Archives des Missions scientifiques*, t. VII, p. 48), représente la dépossession d'un évêque de la manière suivante : Au centre du tableau, la sainte Vierge avec l'enfant Jésus ; à droite, saint Trophime, suivi de sept archevêques armés de la férule métropolitaine ; à gauche, saint Etienne et sept évêques. Tous ces pontifes, excepté le président, qui tient une baguette, anathématisent, l'Evangile en main, un de leurs collègues simoniaque, très reconnaissable à son humble posture et à la *bourse* qui lui sert pour ainsi dire d'attribut.

Si l'on cherche le véritable sujet de ce tableau, destiné à rappeler le souvenir d'une de ces assemblées ecclésiastiques dont la ville d'Arles fut le témoin, on trouve dans la vie de saint Césaire que cet archevêque ayant condamné un certain Contumeliosus, évêque de Riez, prélat notoirement criminel, le pape Agapet, adoucissant la peine portée par le métropolitain, rendit à Contumeliosus la jouissance de ses biens personnels, tout en le maintenant déchu de l'administration de son diocèse. L'évêque déposé est reconnaissable dans le personnage du tableau qui a perdu les insignes de sa dignité, mais conservé sa bourse. (Aug. Laforêt : *Le Bâton dans les temps anciens et modernes*, en la *Revue de Marseille et de Provence*, t. XIX, p. 355.)

Aug. Véran y voit un concile d'Arles. L'abbé Trichaud ajoute que ce concile fut réuni par saint Césaire, pour la dédicace de l'église de la sainte Vierge. Cette circonstance expliquerait la présence dudit tableau dans la salle capitulaire de Notre-Dame la Major, avant de devenir un des plus beaux ornements de l'église de Saint-Trophime. Le même auteur fait remarquer « la physionomie de la

Vierge, ravissante de douceur et d'amabilité ; saint Étienne, premier patron de l'église d'Arles, en habit de diacre, présentant le lys à Marie ; la respectueuse attitude de tous les évêques, dont les chapes dorées étincèlent et rayonnent encore d'une fraîche beauté. » Cette peinture sur bois n'est pas signée.

2° Œuvres de Finsonius. Louis Finsonius, excellent peintre, né à Bruges vers 1580, alla jeune encore à Rome, où il fut élève de Michel Ange de Caravage. Il vint à Aix après la mort de son maître ; il se distingua dans la peinture des sujets religieux et des portraits. Il arriva à Arles alors qu'on allait faire la commande d'un rétable pour Saint-Trophime. Les consuls parlèrent au Conseil, réuni le 10 février 1613, du peintre flamand « fort galant homme et du tout capable en son art ». (Archives de la ville, J. BB, reg. 22, f. 162.) Le conseil donna tout pouvoir aux consuls de traiter avec le peintre au plus grand avantage de la ville. Le sujet adopté fut la *« Lapidation de saint Etienne,* 1er martyr et patron de l'église d'Arles».

L'artiste s'inspira du passage des Actes des Apôtres, où il est parlé du martyre de ce saint: « Lapidabant Stephanum... Et ait : Video cœlos apertos, et Filium hominis stantem a dextris Dei. » Au ciel, on voit le Père sur les nuages, portant un riche vêtement de velours pourpre, ayant à sa droite le Fils en robe bleue, la Sainte Vierge et les Anges en brocart blanc. Sur la terre, le saint est à genoux, les yeux levés au ciel, priant pour les bourreaux qui le lapident après avoir déposé leurs habits aux pieds du jeune Saul, devenu saint Paul par la vertu des prières du martyr.

Dans ce tableau, on remarque un cavalier qui dirige l'exécution, et ne fut autre d'abord que Hermann Martin, ami du peintre : (Numa Coste : Arles, *Sémaphore* des 28-29 octobre 1888); mais Finsonius substitua ensuite son portrait à celui de son ami ; il se peignit sur un carton qui fut parfaitement adapté au personnage à cheval (1) (Ms. d'E. Fassin : *Arles et les Arlésiens*).

Finsonius reçut à Arles quelques atteintes de la mauvaise fortune. Il fut volé par son valet qui lui prit tout son linge et son argent ; il passa son chagrin en le peignant dans son tableau avec une corde au col ; c'est celui qui porte un guidon.

Le peintre avait un procès criminel contre une vieille qu'on appelait *la Nourrice de Poujaud* ; il en fit aussi le portrait : c'est cette femme qui porte des pierres dans son tablier pour les donner aux bourreaux. (Ms. de Nicolas Constantin).

On lit en bas sur le côté : Ludovicus Finsonius belga brugensis fecit anno 1614. Les consuls donnèrent 1500 livres au peintre pour prix de ce travail qui est considéré comme son chef-d'œuvre.

Le tableau du martyre de saint Etienne fut d'abord placé au fond du chœur, au-dessus du maître-autel, et par devant la fenêtre centrale. L'autel majeur ayant été reporté sous le dôme, sa place naturelle, en 1695, le tableau n'avait plus la même raison d'être à cet endroit ; cependant on l'y laissa jusqu'en 1763. Le 24 mai de cette année, on le descendit pour le dorer, et le 1er septembre on le mit au fond de la tribune qui était sur la grande porte de l'église. (Mémorial de Vallière). La tribune fut supprimée pendant la restauration de 1870-74, et la *Lapidation* fut mise provisoirement contre le mur de la 1re travée du collatéral de gauche en entrant. Enfin, en 1889, il reçut sa place définitive au fond de la grande nef, au-dessus de l'ogive du sanctuaire, où il est tout à fait dans le jour favorable, et à la distance convenable pour ramener les personnages à leur taille normale. Après 275 ans, on lui avait donné la seule place convenable dans l'église.

1. Aix possède un autre portrait de Finsonius peint aussi et signé par lui-même. La comparaison démontre une ressemblance frappante.

La *Salutation Angélique* (1) était un des sujets favoris de Finsonius : « Œuvre gracieuse, suave, perle de sa pensée ; c'est son inspiration la plus achevée, la plus douce au cœur, dit M. Pointel. L'ange porte une longue robe blanche, a la chevelure retroussée, bénit de la main droite, et de la gauche tient un lis. La Vierge est en face sur un coussin ; elle a les formes allongées, les mains déliées et fines ; sa robe traînante est rouge, et son manteau, bleu ; sur sa tête enrubannée de voiles, descend une colombe. Entre l'Ange et la Vierge est une table couverte d'un grand tapis très riche ; le livre de prières est sur un pupitre ; à droite est un baldaquin à draperies vertes. Le millésime est 1614. » — Ce tableau est dans le bras droit du transept.

L'*Adoration des Mages*. Finsonius fit ce troisième tableau pour le prix de 300 écus, sur la demande de l'archevêque d'Arles, Gaspard du Laurens, qui voulut orner la chapelle des Trois Rois, due à sa générosité, d'un riche retable. Les Mages superbement vêtus, avec leurs équipages, se présentent guidés par l'étoile, devant l'humble réduit où la Sainte Famille a trouvé un asile. L'évêque avait été guidé par la pensée d'honorer en particulier le roi *Gaspard*, son saint patron, en faisant peindre cette toile. Finsonius eut l'attention délicate de représenter ce roi, le 1er des trois, sous les traits du prélat, qui porte son propre blason sur un riche costume rehaussé d'hermine.

Le tableau des *Trois Rois,* de grandes dimensions, est aussi remarquable que les autres du même peintre, par la hardiesse de la conception, la richesse du coloris, et la vie qui anime tous les personnages représentés de grandeur naturelle.

On raconte que Finsonius se noya dans le Rhône pour

1. Le même sujet modifié, peint en 1612, est à Naples ; Aix en a une copie, ainsi que l'église de Saint-Julien d'Arles.

sauver son chien en péril. Le fidèle animal, échappé des eaux, se laissa mourir de faim près du cadavre de son maître rejeté par les flots sur le bord du fleuve. C'est celui-là même qui figure au tableau de la Lapidation de saint Etienne.

3° SAUVAN. Sauvan eut pour patrie la ville d'Arles ; il y vit le jour en 1698. Elève lui-même de Parrocel, il fut le 1ᵉʳ maître de J. Vernet et de Balechou. Avignon possède de lui plusieurs toiles importantes. Il en existe deux qui sont connues et fort estimées, dans l'église de Saint-Trophime : 1° L'*Immaculée Conception*, dans le transept du côté de l'Epître, et 2° l'*Assomption* dans le transept, du côté de l'Evangile.

Ce dernier tableau était en face de la chaire, contre le pilier, en 1789 ; il fut laissé en place et épargné par le vandalisme révolutionnaire. On doit sa conservation à un prêtre apostat, Firmin Lardeyrol, qui eut l'ingénieuse idée de le travestir en « Apothéose de la Liberté », et de l'employer à la décoration du Temple de la Raison. (P. Véran : *Ma conduite pendant la Révolution*).

§ 3°. INSCRIPTIONS ET EPITAPHES

I. INSCRIPTIONS

1° Vers le milieu de l'église, dans la 5ᵉ travée du côté de l'Evangile, on peut lire aujourd'hui une vieille inscription qui resta longtemps cachée derrière l'orgue. Elle est tout à fait remarquable par la beauté des lettres onciales qui la composent, comme par le sens renfermé dans un triple acrostiche. La voici telle qu'elle est restée après une regrettable mutilation :

TERRARVM ROMA GEMINA DE LVCE MAGISTRA
ROS MISSVS SEMPER ADERIT VELVT INCOLA J O S E P
OLIM CONTRITO LETHEO CONTVLIT O R C H O

L'abbé Trichaud semble avoir donné la véritable traduction de ces trois vers, et indiqué le sens voilé qu'ils contiennent. Nous le reproduisons :

Réunissez les premières lettres TRO (Trophimus), ensuite celles du milieu GAL (Galliarum), et les trois dernières : APO (Apostolus) ; la lettre H de Joseph a été transportée dans le mot Orcho, afin d'avoir au 2e vers la finale P.

Voici la traduction de cette importante inscription :

« Trophime Apôtre des Gaules, envoyé comme une rosée de Rome, capitale du monde, par les deux flambeaux de la foi (saint Pierre et saint Paul), sera toujours parmi nous ; comme un autre Joseph, il nous délivra de l'enfer en nous tirant des ombres de la mort. »

On a supposé que primitivement cette inscription se composait de neuf vers, sans doute parce que les trois mots des acrostiches : *Trophimus*, *Galliarum*, *Apostolus*, ont chacun neuf lettres ; mais il n'en reste absolument aucune trace sur la pierre.

On a pensé pouvoir l'attribuer à saint Virgile, ce qui lui donnerait l'âge vénérable de l'église elle-même, soit 1300 ans ; mais le Xe siècle a paru à d'autres la date la plus reculée à laquelle on puisse la faire remonter. Ce dernier sentiment mérite d'être pris en considération, car il est appuyé sur la comparaison des caractères, de la forme des lettres, avec d'autres inscriptions connues et datées du Xe, du XIe et même du XIIe siècle. D'ailleurs, comme l'inscription est dédicatoire, il semble logique de l'attribuer à l'époque où l'on commença de donner saint Trophime comme nouveau titulaire à la basilique, avec saint Etienne.

2° A la suite de cette première inscription, nous croyons devoir placer, en vue d'en conserver le texte, la suivante qui était autrefois dans la chapelle des Alyscamps, sur un marbre antique, à la mémoire de saint Trophime ; ce document est loin d'être ici déplacé, puis-

que les reliques de l'apôtre des Gaules sont dans l'église
qui depuis un millier d'années porte son nom :

EPITAPHIVM DIVI TROPHIMI

TROPHIMVS HIC COLITVR ARELATIS PRÆSVL AVITVS,

GALLIA QVEM PRIMVM SENSIT APOSTOLICVM.

IN HVNC AMBROSIVM PROCERES FVDERE NITOREM,

CLAVIGER, IPSE PETRVS, PAVLVS ET EGREGIVS,

OMNIS DE CVJVS SVSCEPIT GALLIA FONTE,

CLARA SALVTIFERÆ DOGMATA TVNC FIDEI.

HINC CONSTANTER OVANS CERVICEM GALLIA FLECTIT,

ET MATRI DIGNVM PRÆBVIT OBSEQVIVM.

INSIGNISQVE CLVENS INGENS CVI GLORIA SEMPER

GAVDET APOSTOLICAS SE MERVISSE VICES.

Cette inscription est probablement du XIVᵉ siècle ; on
y voit les c carrés, entremêlés aux lettres ; or, à cette
époque, on commença à les joindre avec cette forme
aux caractères romains. (Seguin. *Antiquités*, p. 32).

2. EPITAPHES. (1)

1⁰ En entrant dans l'église, à gauche, près de la porte
latérale, on lit sur une plaque en marbre noir :

Nobilissimus Jacobus de la Tour

Monumentum hoc, quondam majoribus suis ob eroga-
tas ad pia opera largitiones, de venerabili hujusce Ecclesiæ capitulo bene meritis attributum, commodiore loco,
recens instauratum curavit, in eoque primum condidit
cineres avi sui amplissimi nobilissimi D. Antonii de la
Tour, qui piè obiit die 2ᵃ mensis septembris 1669.
D. de la Tour, vicarius generalis Burdigalensis, olim

---

1. Nous ne donnons ici que les épitaphes qui sont dans la nef,
le transept et le chœur, ayant déjà reproduit au fur et à mesure
celles qui se trouvent dans les chapelles.

regis Caroli X eleemosynarius, denuo hoc monumentum restauravit, anno Domini 1846.

2° Deux épitaphes brèves, comme la plupart de celles qui sont de la même époque, sont placées près des fonts baptismaux, sur le lieu de sépulture de deux archevêques d'Arles, *Raymond de Montrond*, et *Imbert d'Eyguières*.

A. Decimo sexto Kal. maii, obiit *D. Raymundus de Monte Rotundo* bonæ memoriæ, Arelatensis Archiepiscopus, anno Dominicæ Incarnationis MCLX. Orate pro eo.

B. XIII Kal. Aug. obiit Dominus *Imbertus de Aqueriâ*, bonæ memoriæ, Arelatensis Archiepiscopus, anno Dominicæ Incarnationis MCCII. Orate pro eo.

Dans son *Histoire de la Sainte Eglise d'Arles* (t. III, p. 108-9), l'abbé Trichaud dit qu'Imbert d'Eyguières fut enseveli près de l'autel dédié aux saints Simon et Jude, aujourd'hui consacré à saint Antoine de Padoue, et que l'an 1695, son tombeau fut découvert, portant cette épitaphe vraiment pleine d'originalité :

> Hic jacet *Imbertus*, hic *thus* tumulatur et *imber*,
> Præsulis officium nomen utrumque notat.
> *Imber* doctrinam, *thus* significat sacrificantem,
> Sic fuit *Imbertus* sacrificando docens.

Cette épitaphe était écrite avec l'eau forte sur une pierre de marbre, qui sert de devant d'autel à la chapelle de Mr Jean de Bouchaud, en Camargue. Remuzat en donne l'explication suivante :

Ici repose Imbert, dont le nom en latin signifie la *pluie* (imber), et l'*encens* (thus), qui marquent le devoir d'un bon prélat. La pluie est le symbole de la science, l'encens, celui d'un sacrificateur. Ainsi vécut Imbert (Imbertus) : il fut durant sa vie un prêtre qui offrait à Dieu des sacrifices, et un savant qui répandait la science sur son troupeau.

« Ainsi vécut Imbert, vray sacrificateur,
« Et qui fut à son peuple un grand prédicateur. »

« Cette épitaphe, dit Bonnemant, était gravée en lettres noires sur une grande pierre qui couvrait le tombeau de ce prélat, qui fut découvert dans l'église de Saint-Trophime en 1696, au-dessous des fonts baptismaux, dans l'épaisseur de la muraille. » (Bonnemant, ms. 308 de la bibl. Communale. Actes concernant l'Archevêché d'Arles, t. 1. p. 86.)

Au mois de mai 1819, on construisit les fonts baptismaux actuels ; on eut à déplacer pour cela le tombeau d'Imbert d'Eyguières. L'épitaphe fut placée un peu plus loin sur le même mur, au-dessus du caveau où les ossements de l'archevêque furent transférés. L'emplacement resté vide fut rempli par les nouveaux fonts baptismaux qui occupèrent ainsi la place des anciens fonts, mais s'élevèrent plus haut.

3° a. Contre le premier grand pilier qui soutient le dôme du côté de l'Evangile, mais dans le collatéral, nous lisons :

II nonas aug. obiit
Raimundus Delavouta miles
et canonicus Sancti Trophimi
Anno Domini MCXCVI.
Orate pro eo.

b. Encore contre le même pilier, est l'épitaphe de L. Dicard, protonotaire apostolique, chanoine :

Deo opt. max.

Hic jacet nobilissimus et admodum reverendus Dom. D. Leo Dicard, S. Sedis apost. protonotarius, ecclesiæ arelatensis canonicus, vir judicio et pietate clarus, qui dum viveret, saluti corporis et animæ decenter providit, hanc sepulturam quæ est antecessorum in beneficio ejusdem nominis ac familiæ elegit. Paulo ante obitum, animum fundandi sex anniversaria per annum in hâc arelatensi ecclesiâ declaravit ; quod a nobilissimo Dom. Joanne Dicard fratre amantissimo, libenter præditum et executioni fideliter mandatum est. Obiit die XXVII martis anno MDCXXXXIII.

4° Dans le sanctuaire, mais masquée par la boiserie du trône épiscopal, se trouve sur la face opposée du même pilier que ci-devant, l'épitaphe suivante de *Barthélemy Gilles*, primicier de l'église de Saint-Trophime ; elle est placée au-dessus du tombeau des primiciers recouvert par les marches du trône :

D. O. M.

Spectabilis Dominus D. Bartholomæus Gilles, sanctæ hujus Ecclesiæ primicerius, paratum a prædecessoribus tumulum sibi et successoribus reparavit anno Mᵒocᵒxxxxiiiᵒ. (Annales J. Did. Véran).

5° Dans le transept du côté de l'épître, près de la sacristie, sont ensevelis trois Archevêques d'Arles ; *Raymond de Bollène, Michel de Morèze, et Hugues Boardy* :

a. X. Kal. julii obiit Dom. Raimundus a Bolena bonæ memoriæ arelatensis archiepiscopus, anno Dominicæ Incarnationis MCLXXXII. Orate pro eo.

b. Anno Domini MCCXVII, XII Kal. Aug. obiit *Michael de Moresio* bonæ memoriæ arelatensis archiepiscopus. Orate pro eo.

c. Anno Domini MCCXXXII, XII Kal. decembris obiit Dom. *Hugo Boardy*, bonæ memoriæ arelatensis archiepiscopus. Orate pro eo.

6° Dans le chœur, devant l'orgue et sous le marchepied se trouve la dalle sépulcrale de Mgr de Janson, avec cette inscription obituaire :

HIC JACET

ILLVSTR. AC REV. DD. JACOB DE FORBIN JANSON, ECC. AREL.

ARCHIEP. PRIMAS ET PRINCEPS,

sanâ doctrinâ oves charissimas fovens, religionis decus

et defensor, furente peste commotis civibus, levans ma-
nus suas, et pericula suis imminentia adiens incolumi-
tatem et concordiam revocavit.

Agros devastante locustarum plagâ, vepres inter
cruentis incedens pedibus, iratum placavit numen ; ins-
tituendo clero, seu levandis pauperibus, opes, vires,
dies consumpsit.

Quanto major, tanto sibi vilior charitate in Deum æs-
tuans, obiit die xiv jan. anno Dⁿⁱ MDCCXLI. Vixit an.
LXVIII. sedit ann. xxx. PATRI SVO hœredes pauperes
posuerunt.

Lugete pastorem, heroem, patrem.

7° Contre le mur collatéral de la 5e travée, du côté de
l'épître, est appliquée la plaque obituaire du B. Louis
Allemand ; elle était autrefois contre le pilier du dôme,
où se trouve encore le marbre dont nous parlons
ci-dessous :

D. O. M.

ET

IMMORTALI MEMORIÆ

LUDOVICI ALLEMANDI

Sacrosanctæ romanæ Ecclesiæ

Cardinalis

Arelatensis archiepiscopi et primatis

quem

scientiâ insignem, miraculis clarum

Deo virtutibus

civitati munificentiâ

hujusque basilicæ

chori ædificatione

carissimum

Clemens vii beatorum fastis adscripsit

Anno MDXXVII post obitum LXXVII

hinc

exhumatæ reliquiæ

in sacrario venerandæ servantur.

La partie de l'inscription ci-dessous est sur une plaque

fixée au grand pilier du dôme, face au chœur, du côté de l'épître, où le Bienheureux avait été enseveli :

Omnia sunt hominum tenui pendentia filo et subito casu quæ voluere ruunt. Unde sicut Deo placuit anno milleno quater centeno cum quinquies deno, luce vero sexta mens septemb. decimâ, bonæ memoriæ reverendus in Christo pater et Dominus Ludovicus sacrosanctæ romanæ ecclesiæ tit. S. Cæciliæ presb. card. arelatensis vulgariter nuncupatus, sacræ hujus basilicæ administrator bene meritus et princeps, vitæ laudabilis et conversationis honestæ, ad majus vocatus tribunal devotè viam et universæ carnis, et catholice ingressus. Orate pro eo, et ejus anima requiescat in pace.

La pièce de marbre sur laquelle est gravée l'épitaphe ci-dessus, fut enlevée par les maçons que Mgr J. B. de Grignan avait chargés de changer l'état du chœur. Ils la vendirent au célèbre M. Terrin, des mains duquel elle passa à celle de sa fille, qui la laissa avec son héritage à Mr de Barrême de Manville. Celui-ci, n'en connaissant pas la valeur, la donna au frère sacristain des Jésuites, qui cherchait des marbres pour en faire un autel. Fort heureusement, Mr Charles de l'Hoste, chanoine de Saint-Trophime, la vit et la reconnut sur le chantier, fit suspendre son travail à l'ouvrier, communiqua sa découverte au Chapitre, qui décida de racheter le marbre. Après maints pourparlers avec le P. Recteur, il fut décidé que l'on scierait la pièce qui était épaisse, à deux travers de doigt de l'inscription, et qu'on cèderait à l'église de Saint-Trophime, moyennant un écu de six livres, le morceau en question. Au bout de dix ans seulement le Chapitre le retira de la sacristie, et le fit enchasser dans la muraille, vis à vis la porte de l'église qui conduit au cloître, où elle est à présent. (1767) - (Bonnemant, *Hist. de l'Eglise d'Arles*, t. IV, p. 47).

Le Cardinal Louis Allemand (1), mort à Salon dans la

1. Venue probablement d'Allemagne dès les temps les plus

60ᵉ année de son âge, le 16 sept. 1450, fut transporté à Arles dans le chœur de l'église, là même où fut replacée son épitaphe en 1767.

Le 9 avril 1527, Clément VII décerna au Cardinal L. Allemand le titre de *Bienheureux*, et alors ses restes furent exhumés et déposés dans le Sacrarium. Mais tout de suite après sa mort, un mouvement considérable de pèlerins vers son tombeau se produisit, à tel point que le 3 mai 1451, huit mois après son décès, le conseil délibéra d'en percevoir une redevance, et décida qu'il ne serait exigé de tous les étrangers venant en pèlerinage à Arles pour visiter les reliques de Saint Louis Allemand, cardinal, archevêque d'Arles, que 2 patacs pour les gens à cheval, un patac pour les piétons, et rien pour les enfants qui y seraient portés malades.

Le 8 février 1452 (not. Etienne de Langlade), accord fut fait entre le Chapitre et le Sacriste de Saint-Trophime pour le partage des offrandes faites au tombeau du B. L. Allemand.

Le 9 juin 1452 (not. Guill. Raymundi, f. 105), « noble Eustache de Craus, du lieu dit Aniciarii, au diocèse de Genève, craignant que la peste qui régnait cette année

---

reculés, l'immense famillé de seigneurs qui portait le nom d'Alleman occupait toute la région montagneuse qui s'élève entre le Drac et l'Isère. En 1458, la famille comptait onze branches. Son orgueilleuse devise était :*Altissimus nos fundavit*. Son cri de guerre : *Place! place à Madame!* — Madame était sa bannière. Jamais souche féodale ne produisit plus de rameaux, et nulle part les membres d'une même famille ne se groupèrent autour de leur chef avec un soin plus jaloux. (J. Quicherat).

On comprend donc la terreur qu'inspirait une telle famille, le soin avec lequel les voisins évitaient les *querelles d'Alleman*, et se *garaient de leur queue* : Gare à la guerre des Alleman ! — gare à la queue des Alleman ! et enfin le proverbe dont on a singulièrement élargi l'application : « Querelle d'Alleman. » (Devises militaires et dictons populaires, dans la *Revue de la France moderne*, p. 399).

là presque dans tout le monde, et surtout à son pays où elle avait enlevé plus de 5000 hommes, ne le mît au rang de ces derniers, avait fait vœu de faire une neuvaine à Saint L. Allemand, cardinal d'Arles, dont les miracles publiaient journellement la gloire ; et conséquemment s'étant transporté en la Ville d'Arles, il vint faire son oraison à ce saint dans l'église de Saint-Trophime, et donna 17 gros à un bassin qu'il croyait être celui des aumônes de ce saint ; mais ayant su le contraire, il déclare en présence de M⁰ Jacques de Urbanâ, notaire, co-syndic d'Arles, et autres, que son offrande est pour le saint auquel il la destinait, et non pour un autre. » (Annales de J. Did. Véran).

1452. — 27 juin : Sentence de Guillaume Ruffi d'Avignon, commissaire apostolique, sur les offrandes et la part qui revient au sacristain.

1452. — 13 oct. — (not. Guill. Raymundi), quittance d'une oblation.

1453. — 6 juin. — Nouvelle sentence sur le même objet, réformant la précédente.

1453. — 18 nov. — Appel au Cardinal Pierre de Foix, administrateur de la sainte Eglise d'Arles, à qui l'on demande et qui rend une sentence arbitrale tranchant la question.

1454. — 15 avril. — Appel des syndics d'Arles contre la susdite sentence arbitrale comme préjudiciable à la Communauté d'Arles.

1454. — 6 mai. — Renonciation du sacristain à la cire des offrandes reçue depuis la sentence précédente, et ce, en l'honneur du « glorieux corps du B. Card. L. Allemand. » (not. Et. de Langlade).

En 1884, les reliques du Bienheureux furent sorties du Sacrarium et mises dans une châsse particulière qu'on plaça dans la chapelle des Reliques. Il est bon de signaler que le bras droit a été extrait en faveur de la cathédrale de Montpellier.

La primatiale possède encore la grande chape rouge de drap asssez grossier, du B. Allemand.

8° Voici l'épitaphe de Mgr du Lau, dont la plaque obituaire se trouve contre le mur latéral de la 5ᵉ travée de la nef, du côté de l'Evangile :

D. O. M.
ET PIÆ MEMORIÆ
Reverendissimi in Christo patris
JOANNIS MARIÆ DU LAU
Sanctæ Arelatensis Ecclesiæ
Archiepiscopi primatis
qui
pietate, doctrinâ, moribus perillustris,
in verbis cleri gallicani
cœtibus veritatis acerrimus defensor,
serpentes impugnavit errores
et in conventu nationali novatoribus
impavidè restitit, propter hæc aliaque
plurima præclara facta, impiissimis viris
scelestissimè eorum gladio occubuit die II
septembris, anno MDCCXCII, ætatis
suæ LIV. Inde confessorum coronam et
palmas martyrum gloriosè consecutus,
hunc miseri et mœrentes consolatorem,
debiles adjutorem, pauperes patrem,
sacerdotes ducem et exemplar diu lacrymis
prosequentur.

§ 4. — SACRISTIE. SACRARIUM. RELIQUES

I. — LA SACRISTIE ET LE TRÉSOR

1° La sacristie était avant le 17ᵉ s. à côté de la chapelle de St Genès, dans le bras du transept du côté de l'Evangile. Mais Mgr de Grignan ayant résolu de placer sa sépulture dans la dite chapelle qu'il fit décorer dans le style alors en faveur, fit en même temps emménager la sacristie actuelle, dans le croisillon opposé du transept.

Le chiffre 1665 gravé à la voûte l'indique naturellement. Toutefois on ne peut dire qu'il ait fait bâtir la nouvelle sacristie. En effet, placée en contre-bas du cloître, et supportant plusieurs salles qui sont au niveau du cloître, le long de la galerie du couchant, faite à la fin du XIVe siècle, et qui existaient déjà, — il en reste des indices — avant la construction de cette dernière galerie qui a succédé à une autre plus ancienne, il est de toute évidence que la sacristie des Grignan est antérieure ; elle servait à tout autre usage. Elle contient le *Sacrarium* ou *Trésor*.

2° Il fut une époque, celle du moyen-âge, où le trésor de St Trophime était riche en souvenirs et en objets d'art. Ce que la piété avait accumulé, la charité le donna en partié aux pauvres dans les années de misère ; puis, les guerres civiles d'abord, et enfin la révolution, en achevèrent la ruine.

Pourtant on y conserve encore quelques objets dignes d'être mentionnés : Un olifant du IXe s., — une *crosse* du XIIe s., — une *croix* du XIIIe s., — une *cassette* du XVe s., tous en ivoire ; — la *Croix Capitulaire* en cristal de roche, don de Jean Ferrier au Chapitre, au XVIe s., — le *pallium*, une *étole*, un *camail* de Mgr *du Lau*, ainsi qu'une *soutane* de ce prélat ; une *chasuble* du B. L. Allemand ; ses *armes*, une *chappe* avec ces mots : *Cappa B. Ludovici*, et enfin un *portrait* où il est représenté à genoux devant l'image de l'Immaculée Conception, dont il se montra *defensor acerrimus*.

Des Antiphonaires in-f° du XIIIe s., marqués aux armes du Chapitre, furent vendus à M. Repos, libraire à Digne, le 7 avril 1855, le jour du samedi saint ; cette vente est absolument regrettable à tous égards : 200 fr. en furent le prix !

Dans le trésor du félibrige, au mot Agato, F. Mistral dit qu'à Arles, dans le trésor de l'église de St-Trophime, on conserve un plateau d'agate, qui, selon la tradition, aurait reçu le sein de la martyre sainte Agathe, lorsque le bourreau le lui coupa. Ce qui a pu être vrai autrefois, a cessé de l'être à ce sujet, et depuis de longues années, ce plateau n'existe pas dans le Sacrarium.

2. — LES RELIQUES

L'Eglise d'Arles fut très riche en reliques des saints, depuis sa fondation jusqu'à la révolution, c'est-à-dire pendant 18 siècles. La plupart des ossements ou d'autres objets pieux chers au souvenir chrétien, avaient été apportés en cette ville de Jérusalem par saint Trophime. Ce trésor s'accrut peu à peu par les reliques des saints qui laissèrent à Arles leur dépouille.

Deux fois transportées dans le sanctuaire de N. D. de Grâce aux Alyscamps, d'abord pendant la construction de l'église virgilienne, au VIIᵉ s., ensuite durant les réparations aux XIᵉ et XIIᵉ s., deux fois ces reliques furent rapportées en triomphe à la Primatiale. Lors de la dernière translation, elles furent déposées dans la crypte construite en 1150; mais dans ce lieu bas et privé d'air, l'humidité les atteignit et compromit même leur existence.

Dès son arrivée à Arles, Guasbert de Laval, transféré par Jean XXII de l'évêché de Marseille à l'archevêché d'Arles, fut attristé de l'état des châsses autant qu'il s'était réjoui à la vue des richesses qu'elles contenaient. Il résolut alors de faire confectionner (1341) un reliquaire unique pour toutes les reliques; il était en vermeil; on l'appela la *Sainte Arche*.

La *Sainte Arche* affectait la forme d'un parallélogramme d'environ 1 mètre de long, sur 0,50 de large et à peu près autant en hauteur. Elle représentait une église gothique; au milieu s'élevait une tour carrée et ajourée, dans laquelle on voyait une statuette représentant saint Trophime assis. A chaque angle du coffre se dressait une sorte de pyramide, ou mieux d'obélisque,

et tout autour étaient alignées des statuettes des apôtres
et de saints personnages, chacun dans sa niche. Le toit
de la Ste Arche était orné d'une sorte d'attique ou ba-
lustrade ouvragée à dentelles. Tout à fait au sommet, il
y avait la figure de Dieu le Père, avec un ange au-dessus en or et en argent. Aux quatre coins se trouvaient
des anges relevés aussi en or et en argent. Enfin, autour
de la Ste Arche était une inscription que nous reproduisons en entier :

> Hoc opus factum fuit tempore Venerabilis
> domini Gasberti de Laval,
> Archiepiscopi Arelatentis, et Domini
> nostri Papæ camemarii,
> sub anno Domini MCCCXLI.

A l'intérieur, les quatre évangélistes avaient chacun
sa figure dans un tabernacle d'or et d'argent.

Voici le texte du « Mémoire de toutes les Stes Reliques de la Ste Arche » :

« Le corps de Monseigneur St Trophime, — plus de la
robe de N. S. J. C. — plus de la véritable couronne que
J. C. fut couronné, — plus de la robe de N. Dame, sa
sainte Mère, — plus des reliques des Sts Innocents, martyrs, — plus du fiel et du vinaigre que J. C. fut abreuvé
sur la Croix, — plus de la même éponge qui toucha
J. C., — plus du même pain dont J. C. se servit à la
scène avec les Apôtres, — plus des reliques de St Jean
Baptiste, — de St Georges, -- de St Etienne, — de St
Julien, — de St Laurent, — de St Augustin, — de St
Thomas, — de St Agricol, — de St Paul, — de Ste Marie-Madeleine, — de St Pierre, — de St Quentin, évêque, — de St Jacques, des quatre évangélistes. »

Pour compléter cette nomenclature déjà si intéressante, nous empruntons à Seguin (1687), le récit de sa
visite au Trésor de St Trophime :

« Nous allâmes voir le Trésor qui est dans la sacristie,
qui consiste en une Sainte Arche en argent qui ren-

ferme presque tout le corps de St Trophime, et les reliques suivantes dont on nous donna la liste, signée par les Archevêques dans leurs visites :

« Des épines de la couronne de N. S., des vêtements, de l'éponge, du fiel et vinaigre de sa passion, des habits de la T. Ste Vierge, des os des Sts Innocents, de ceux de St Pierre, de St Paul, de St Jean, du pain que J. C. bénit dans le château d'Emmaüs, etc. Nous vîmes encore trois bustes d'argent de la grosseur du naturel, qui sont de St Trophime, de St Etienne, 1er martyr (où paraît le crâne de cet illustre saint enfoncé par un coup de pierre), et de saint Genest, lesquels renferment plusieurs ossements de ces illustres saints ; cinq caisses dorées pleines de saintes reliques, trois belles croix d'argent, l'une desquelles renferme de la vraye croix de N. S., une petite châsse d'argent où est le crâne d'un des Sts Innocents qui furent martyrisés par Hérode, et une infinité d'autres choses très précieuses, soit en orfèvrerie, soit en superbes ornements d'autel. » (Seguin, *Antiquités d'Arles*, 1, 197.)

La Sainte Arche était gardée dans un appartement voûté, une chapelle supérieure qu'on avait fait construire dans le clocher. A toutes les fêtes solennelles d'abord, puis la veille de St Trophime seulement, on descendait cette châsse de la voûte au son des cloches, et au chant des hymnes en musique. On la déposait sur un autel préparé à cet effet, et elle y restait jusqu'à la fin des Vêpres du lendemain ; on la remontait avec la même solennité. (P. Véran, *Eglise d'Arles*, t. 1. — Note de M. Robolly, 1838.)

Plus tard on trouva que les manifestations de la piété à l'occasion de cette cérémonie prenaient un caractère trop bruyant ; la chapelle haute fut détruite, et la Sainte Arche renfermée dans la sacristie. La veille de la fête de St-Trophime, tout le Chapitre en chape allait prendre la précieuse châsse. Les chanoines, une torche à la main, précédaient les saintes reliques ; la musique accompagnait l'hymne de la fête, toutes les cloches sonnaient. La procession faisait tout le tour de l'église et arrivait au sanctuaire par la nef du milieu ; la châsse était déposée sur une table disposée en forme d'autel, et garnie de chandeliers à chacun desquels les chanoines déposaient leurs torches. (D. Bernard : *les Reliques.)*

Les archevêques d'Arles, en assignant aux Reliques une place différente, n'avaient pas eu la pensée d'amoindrir le culte de dévotion et de respect qui leur était dû, mais seulement de le rendre plus décent. Ils soumettaient la Sainte Arche à une inspection qui avait pour but de veiller à la conservation de son précieux dépôt. Tel fut l'examen que l'on en fit le 16 juin 1537, après ouverture « par le commandement de l'illustrissime seigneur et prince Jean de Ferrier, archevêque de la ville d'Arles. »

Pourtant ils permirent de sortir certaines reliques, soit en entier, soit en partie, de la Sainte Arche, pour les placer dans des reliquaires particuliers. Telle fut la relique de saint Etienne. La châsse dans laquelle elle fut déposée, commencée en 1409, fut achevée en 1412, et bénite le 21 mai, veille de la Pentecôte ; elle coûta 1087 livres 16 s. Le conseil municipal avait décidé, le 9 août 1411 (not. Guill. Olivari), d'employer à cet œuvre les 300 marcs que Royer d'Espagne, sénéchal de Toulouse, avait légués en restitution de ce qu'il avait pillé en Camargue durant la guerre contre le duc d'Anjou. (Annales J. Did. Véran). Ces reliques consistaient en une côte et le crâne de saint Etienne ; saint Trophime les avait apportées de Terre Sainte, les ayant prises au tombeau même du diacre martyr, son parent.

1467. — Pour honorer les saints, on fit fabriquer en matière précieuse de nombreux *Corps Saints*, dans lesquels étaient renfermées toujours des parcelles des saintes reliques : telle la châsse particulière du *Chef* des *Saints Innocents*, à Saint-Trophime, dont il est fait mention dans le prix-fait (not. Guill. Raymundi, 19 octobre 1467, f. 81), en vertu duquel les ouvriers ou fabriciens de N.-D. de la Major traitent avec Etienne Dandelotty, orfèvre d'Arles, de la façon du chef du saint Marc, l'un des patrons de la ville d'Arles, en argent, « dans le genre du chef des Saints Innocents que possède l'église de Saint-Trophime. » On est d'accord à 4 fl. le marc, « les fabriciens devant fournir l'argent fin qui sera nécessaire, ainsi que l'or fin pour dorer les cheveux et la barbe du saint.»

1655. — Le 25 août, on fait la première procession générale, à laquelle on a porté la châsse faite nouvellement de saint Genès, enfant d'Arles. Depuis lors on célèbre cette fête dans Saint-Trophime. (Annales de J. Did. Véran).

Saint Trophime avait lui aussi une châsse que les supérieurs des quatre grands ordres portaient anciennement à la procession des *Corps Saints* ; ensuite ce furent les frères des mêmes ordres, qui « il y a 40 ans (c'était vers la fin du XVIe siècle) se récrièrent, et intentèrent un procès, prétendant que ce n'était pas leur fait. » Les supérieurs se défendirent et obtinrent un arrêt de la Cour de Provence, qui déboutait lesdits frères de leur demande, à condition qu'on leur donnerait deux septiers de bled au lieu qu'auparavant ils n'en avaient qu'un.

M. Gabriel de Sabatier, trésorier de la Ste Eglise d'Arles, qui était à Aix pour poursuivre cette affaire, trouva dans ce fait matière à un mot plus spirituel que respectueux. Il écrivit aux supérieurs : « Messieurs, saint Trophime est enfin remonté sur ses quatre bêtes, mais à condition qu'on leur doublera l'avoine. » (Mémoire du temps).

1709. — Ce fut une année mémorable de misère et de faim. Par ordre de Mgr l'archevêque, un certain nombre de châsses précieuses furent fondues pour subvenir aux nécessités les plus pressantes ; 45 reliquaires pris dans les diverses églises d'Arles, fournirent ainsi une matière abondante pour faire de l'argent monnayé ; sur ce nombre Saint-Trophime fournit un important contingent : ce fut l'œuvre de la charité. Peu à peu on remplaça les châsses, distraites de leur destination première pour soulager les indigents.

La Révolution se chargea plus tard de dépouiller toutes les églises des objets de valeur qui étaient en même temps pour la plupart des œuvres d'art. L'église de Saint-Trophime ne fut pas exempte ; on lui enleva tout, le tabernacle de l'autel majeur, la Sainte Arche, les Corps Saints, les châsses, la colombe eucharistique ; les reliques elles-mêmes furent sacrilègement profanées, dispersées ou mêlées ensemble, pour qu'elles fussent à jamais confondues. C'était l'œuvre de la haine et de l'impiété rapace.

Cependant on parvint à soustraire à la profanation un certain nombre de reliques ; plus tard on les recueillit, et, en 1803, on en dressa l'état officiel. En 1838, Mgr Bernet, nomma une commission pour achever cet inventaire. Comme suite à ce travail, le samedi, 15 juin 1839, le clergé de la Primatiale se rendit processionnellement à la maison du sieur *Tourame*, bourrelier, dans la rue des Ménagers, pour y prendre les reliques de Saint-Trophime, qui y avaient été cachées pendant la Révolution ; le lendemain, une procession générale eut lieu dans la ville en l'honneur de cette translation. Le clergé de toutes les paroisses y assista avec les châsses de toutes les églises ; les rues où l'on passa étaient pavoisées, tapissées, ornées de fleurs. (Chronique de M. Mège).

Les reliques de la paroisse de Saint-Trophime restèrent renfermées dans le sacrarium de la sacristie, faute de reliquaires convenables, jusqu'en 1884. Alors, sous l'impulsion d'un archiprêtre aussi pieux qu'instruit et zélé, chaque saint fut doté d'une châsse, et une chapelle fut destinée à servir de demeure à ce dépôt sacré, sou sa protection d'une très belle grille, le tout reçu comme don de la piété. Mgr Forcade, archevêque d'Aix et d'Arles, présida cette translation, assisté par Mgr Vigne, archevêque d'Avignon.

Voici le relevé exacte de ce qui compose aujourd'hui ce trésor :

Reliques de la Vraie Croix, plusieurs fragments contenus dans de beaux reliquaires en cristal, — de saint Trophime, — le crâne de saint Etienne, sauvé par le sacristain lors de la Révolution ; — le corps presque entier de saint Genès, — une portion importante du corps de saint Roch, — des ossements de saint Antoine du désert, de saint Sébastien, de saint Mathieu, apôtre, — de saint André, ap., — de saint Laurent, martyr, — de saint Vincent, m., — de saint Symphorien, m., — de saint Hyacinthe, m., — de saint Prisque, m., — des saints Primitif, Hyacinthe, Sévère, Amant, Fortuné, Victor, Alexandre, Sérénian et Véréconde ; — de saint Clément et de saint Modeste ; — des saints Bénigne, Innocent, Modestin et de saint Tranquille ; — le crâne d'un des saints Innocents, — des ossements de saint Honorat, évêque, de saint Hilaire, de saint Césaire, de saint Virgile, tous évêques d'Arles ; — le corps presque entier du B. L. Allemand, card. archev., — une chasuble et une étole du même saint ; — des ossements de saint Bertulphe, abbé, — de saint Isidore, docteur, — de saint Julien, martyr ou confesseur, — de saint Antoine de Padoue, — de sainte Marthe, vierge, — de sainte Barbe, v. et m., — de sainte Ursule et de ses compagnes, — de sainte Rusticule, — de sainte Anne, mère de la Sainte-Vierge, — des saintes Maries Jacobé et Salomé, — de sainte Juliette, m., — enfin de beaucoup d'autres saints encore, dont les ossements se trouvent mêlés et sans nom connu distinctement, mais dont Dieu sait et les noms et les mérites. La plupart proviennent de la sainte

Arche, on croit que la plus grande partie du corps de saint Trophime s'y trouve. (Bernard, archiprêtre, *Reliques*, 1884).

II. EXTÉRIEUR DE L'ÉGLISE.

§ Ier LE CLOCHER ET LES CLOCHES. — L'HORLOGE.

1. Clocher. Au xe siècle, la coupole du transept de Saint-Trophime était surmontée d'un clocher de forme octogonale ; on y arrivait de droite et de gauche par des escaliers tournants établis dans des tours carrées placées aux angles nord-ouest et sud-ouest du transept ; de leur sommet on allait par de petits couloirs à l'intérieur de la tour. Quand on démolit ce campanile, vers la fin du xiie siècle, on conserva les moyens d'accès ; on laissa aussi subsister des traces visibles de l'ancien clocher au pied du nouveau.

Ce dernier prit la forme d'une tour carrée qui paraît massive, bien que percée de 20 fenêtres, sans compter nombre d'autres petites ouvertures placées au sommet. Comme le précédent, ce clocher repose sur la coupole de l'église. Une terrasse crénelée, où était établie la vigie communale, le surmontait avant 1690. Il a été atteint par la foudre en 1885 et en juillet 1908. La Ire fois, sa couverture en dalles fut frappée et percée à jour ; la 2e fois, ce fut la charpente du beffroi qui reçut le choc du fluide et fut endommagée assez gravement.

2. Cloches. — Les vieux auteurs parlent avec admiration d'une cloche appelée *Maurique* ou *Mauric*, « la meilleure et la plus ancienne du monde que les Allemands et estrangers venaient voir par grande curiosité, disant : « Ecce quam vetus est usus campanarum in ecclesiâ Dei. (1) » (Rebattu).

1. Avant l'usage des cloches, on appelait les fidèles aux offices religieux au son de l'olifant. Il en reste un dans le sacrarium

Elle était par rang de taille, la 3ᵉ de la Primatiale. L'inscription en caractères gothiques, entourant le sommet de sa volute, reproduisait en partie les belles paroles qui décoraient le cercueil de sainte Agathe (1) : « Mentem sanctam, spontaneam voluntatem, et patriæ libertatem (ou liberationem). » (Saxy. Pont. Arel.). Le manuscrit de Gertous porte : « Spontaneum honorem Deo ». Un nom et une date se détachaient en relief un peu plus bas : « Bt. Amalricus archiepiscopus anno millesimo me fecit fieri (2). » Telle est la lecture de Gertous ; le Pontificium ne donne pas le prénom Bt (Bertrandus).

Quel était ce prélat contemporain de l'an mil? Saxi, Gertous et Rebattu lisent la même date sans pouvoir citer le nom. E. Fassin croit qu'il s'agit de Bertrand Amalric, d'abord archidiacre de Saint-Trophime, devenu archevêque d'Aix (1281-86) qui aurait laissé cette cloche comme souvenir. Et en conséquence, la date de mil aurait été sans doute mal lue, quelque signe abréviatif étant demeuré inaperçu.

La *Maurique* se fêla par accident en 1633 ou 34. « L'an

de Saint-Trophime qui a dû servir à cet usage. Il est en ivoire ciselé.

1. Sainte Agathe, vulgairement *sanct' Agueto*, était invoquée contre la foudre, et on lui dédiait les cloches auxquelles on attribue le même pouvoir d'éloigner le tonnerre et de dissiper les orages, soit par la vertu des prières faites à leur baptême, soit par la puissance naturelle des vibrations qu'elles impriment à l'air. Au nom de la science on a condamné cette croyance, à cause des accidents survenus, et au nom de la même science on tire le canon pour fendre la nue. Où est la logique?

2. Voici l'inscription, pour la conserver, d'une vieille cloche à Arles :

Laudo Deum verum, plebem voco, congrego clerum,
Defunctos ploro, pestem fugo, festa decoro.

1642 et sur la fin d'aoust, a été refaicte la cloche appelée Mauric ou Almaric... Elle a été fondue le 27 aoust dans la basse-cour de l'archevêché, au coing plus haut à main gauche, par dessus le puits.»... Elle garda l'ancienne inscription ; elle fut bénite le 30 août. (Ms. du conseiller Rebattu). La Révolution la convertit en monnaie (1). (Did. Véran).

1656. — « Le 3ᵉ du mois d'aoust, a esté monté au clocher de Saint-Trophime quatre gros poutres de chêne pour soutenir les cloches, par Chabourlet, charron. » (Mém. de M. Paris).

1665. — « Le 17 juin on a fondu la 2ᶜ cloche de Saint-Trophime, et le 19, on l'a mise en place ; elle pèse 75 l.» (Annales de J. D. Véran).

1747. — 8 mai. Ce jour-là on ensevelit M. l'abbé de Saint-Andiol, archidiacre honoraire ; la cloche des chanoines se rompit, et prit fin avec lui, ayant été faite dans son syndicat.

1747. — 22 novembre. —Mgr de Jumilhac, archevêque d'Arles, est arrivé à 9 heures du soir. Les cloches ont sonné depuis 10 heures jusqu'à 11 heures. A propos de ce prélat, M. Bonnemant dit : « On nous écrivit que nous trouverions en lui toutes les qualités du marbre : froid, dur et poli. On ne se trompait pas ; nous l'avons trouvé tel. » [L. Bonnemant].

1752. — Le 26 juin, à 3 heures après-midi, eut lieu la

1. Dans les archives du district d'Arles, on trouve plusieurs bordereaux portant le détail du poids des cloches des églises d'Arles. Dans le 1ᵉʳ, 82 cloches grosses et petites ont pesé 305 quintaux, 23 livres ; dans la 2ᵉ, 25 cloches ont pesé 108 q., 18 l. ; dans la 3ᵉ, 19 petites cloches ont pesé 5 q., 95 l. — En 1800, trois cloches qui se trouvaient encore dans la cour de l'archevêché, furent vendues : c'étaient la 3ᵉ de Saint-Trophime, la grosse de Saint-Laurent, et la grosse des Bénédictins. En 1802, il ne restait que 10 des anciennes cloches. (P. Véran).

bénédiction de la deuxième cloche de l'église métropolitaine, faite en remplacement de celle qui fut cassée en
1747. Les consuls y assistèrent en chaperon.

1771. — Le 25 décembre, jour de Noël, au soir, la
grosse cloche de Saint-Trophime se cassa en annonçant
la solennité de saint Etienne (Vallière). Elle datait de
1609. On la descendit le 10 juillet 1772 ; elle fut remise
au moule le 10 septembre suivant, à 10 heures du matin ;
on la reçut le 22, et elle fut bénite par M. de Lubersac
le 25, après vêpres. On la monta le 26, et le 29 elle fut
mise à la volée. Trois mois après elle se fêla de nouveau.
Le 17 septembre 1773 on la descendit du clocher et, le
24, on la jeta pour la refonte dans le moule, après 9 heures du soir. Le 1ᵉʳ octobre M. Pazery en fait la bénédiction à 10 heures, et on la monte tout de suite après la
cérémonie ; le 2 on la met en place et le soir, à 6 heures,
elle se casse.

1774. — 8 février. — Le battant de la quatrième cloche se casse en sonnant pour les funérailles de M. Ba-
tel ; le lendemain on n'a sonné que la cinquième cloche.

1774. — 6 juin. — On a jeté la cloche trois fois dans le
moule ; le 13, après vêpres, M. Joseph Raymond, sacristain official, vicaire général, la bénit, et on la monte
tout de suite en 8 ou 10 minutes.

Avant la Révolution, l'église de Saint-Trophime avait
six cloches ; elle n'en a plus que quatre, dont une seulement de l'ancienne sonnerie. Le gros bourdon pèse
2890 kilos (Mège).

3. Horloge. — Au xvᵉ et au xvlᵉ siècles, une horloge existait à Saint-Trophime ; tout fait supposer qu'elle
était installée à l'extérieur, soit dans le clocher, soit sur
la toiture de l'église, pour donner l'heure dans le quartier environnant. En effet, la maison commune n'avait
à cette époque aucun régulateur public ; le Conseil con-
tribuait à l'entretien de celui de la métropole.

On en a la preuve dans la délibération du 29 décembre 1506 ; sur une supplique présentée par les chanoines, le Conseil vote, ce jour-là, un subside de 25 florins pour « rabilher le aurologe qui est en l'église sainct Trophime », et qui a grand besoin de réparations. (Annales de Bonnemant.) La réparation fut confiée à maître Pierre Vincenti, « sarralheïius », le 29 décembre 1507, au prix convenu de 7 écus.

Tous les ans, au grand Chapitre de Sainte-Luce, on nommait un serrurier pour régler et monter ladite horloge ; il est qualifié de « rector horologii » ou de « horologiarius ». Il recevait du Chapitre huit setiers de blé pour sa peine. Il en est fait mention au registre des délibérations du Chapitre, de 1483 à 1523 inclusivement. L'année suivante, au Chapitre de Sainte-Luce, après la nomination des officiers du Chapitre, on lit : « Orologiarius vacat », ce qui fait supposer que l'horloge ne marchait plus. Elle ne fut ni réparée, ni remplacée, car depuis 1525, il n'est plus jamais question ni d'horloge, ni d'horloger dans aucun des registres des délibérations du Chapitre (Bonnemant).

Alors la maison commune fit placer une horloge, mais si petite qu'elle était incapable de se faire entendre au quart des habitants. C'est pourquoi le conseil municipal résolut, en 1541, de faire construire une haute tour, et d'y mettre une grande cloche avec les mouvements d'une horloge. Le 3 mars 1764, les quarts ont sonné à l'horloge de la mairie.

§ 2ᵉ. LE CLOITRE

Notre étude serait par trop incomplète si nous ne faisions au moins une rapide apparition dans le cloître de Saint-Trophime. Adossé au mur de l'église, du côté du midi, construit pour l'usage du Chapitre de la basilique, on ne peut le séparer de celle-ci. Un escalier de 25 marches, placé à gauche du transept, du côté de l'épître, y conduit. Nous allons le visiter et admirer ses galeries, dont un archéologue d'Arles, le plus érudit et le plus affectionné de ceux qui en ont parlé, M. Clair, a écrit de sa plume élégante : « Le cloître est à Arles l'œuvre la plus complète de l'art chrétien. Il a déposé là ses idées les plus gracieuses, ses ornements les plus recherchés, son luxe de sculpture, la variété de ses lignes, tous ses trésors de hardiesse et d'imagination. » « Œuvre variée et saisissante, dit de son côté M. Revoil (Arch. rom. II. 47), dont tout artiste, qu'il soit archéologue ou simple visiteur, emporte les impressions les plus profondes et les souvenirs les plus instructifs. »

Le cloître a la forme quadrangulaire avec au centre un préau qui servit autrefois de cimetière, et reçut à cet effet la bénédiction religieuse en 1183. Ses quatre galeries, différentes de style et d'époque, en sont séparées par des colonnes jumelles, les unes rondes, les autres octogones, supportant des chapiteaux sculptés. Le marbre a fourni la matière, non seulement des colonnes et des chapiteaux, mais encore de nombreuses statues.

Quelle fut l'époque de sa construction ? D'abord il est bon de remarquer qu'il fut précédé par un autre cloître de forme très simple, sans ornements ; l'arceau roman d'une large et haute ouverture avec plein-cintre, dans la galerie de l'ouest qui est gothique, est un indice certain de la préexistence d'un premier cloître. Celui-ci servait pour l'usage des chanoines qui, dans la seconde moitié du VIIIe siècle, avaient adopté déjà la vie monacale imposée par les décrets des conciles, et en particulier, bientôt après (813), par le concile d'Arles, qui imposait la vie de communauté au clergé attaché au service des cathédrales (1). Peu à peu, les galeries primiti-

---

1. Certains auteurs ont erré quand ils ont pensé et écrit que le Chapitre de Saint-Trophime ne remontait qu'au XIIe siècle. Il est vrai qu'il fut soumis à la règle de saint Augustin à partir de

ves cédèrent la place à d'autres galeries remarquables par leur richesse. Cette transformation se fit du xiᵉ au xvᵉ siècle.

1° GALERIE DU NORD

Cette galerie, du style roman, est à la gauche du visiteur qui arrive par l'escalier de l'église ; c'est de toutes la plus ancienne ; on s'accorde à dire qu'elle date du xiᵉ siècle ; sa longueur totale est de 25 mètres 20 ; elle comprend trois travées qui se divisent elle mêmes en quatre arcades portées par des colonnettes jumelles du côté du préau, tandis que du côté du mur des colonnes simples avec chapiteaux aux figures bizarres supportent la retombée des arcs doubleaux.

Sur le même mur intérieur on peut lire les épitaphes suivantes :

III. NON. FEBRVARII DIE FESTIVITATIS
SANCTI BLASII, AGGRESSVS EST VIAM
VNIVERSE CARNIS GVILLELMVS
CAVALLERIVS, ANNO DOMINICE
INCARNATIONIS MCC
III. ORATE PRO EO.

———

VI. ID. OCT
OBIIT PONCIVS DE
BARCIA, CAPVT SCOLE, ET
CANONICVS REGVLARIS
SCI TROPHIMI, ANNO
MCI°

———

VII KAL JANVARII
ANNO DNI MCLXXXIII. O
BIIT PONCIVS REBOLII. SA

1186 ; mais l'adoption de cette règle ne prouve nullement qu'avant cette date les chanoines ne vivaient pas en communauté.

CERDOS ET CANONICVS
REGVLARIS ET OPERARI (1)
ECCLESIE SANCTI TROP-
HIMI. ORATE PRO EO.

Cette première galerie s'ouvre par un fort pilier orné de trois statues ; celle de saint Trophime occupe l'angle central ; celle de saint Pierre l'angle de droite et celle de saint Jean l'angle de gauche. Entre ces statues sont des panneaux sculptés, divisés en deux parties ; dans celui de gauche sont représentés, dans la partie supérieure, les saintes Maries portant des parfums et, dans la partie inférieure, les disciples d'Emmaüs que le maître vient de quitter ; dans le panneau de droite, on voit Jésus-Christ ressuscité ; deux anges regardent le sépulcre ouvert portant cette inscription : SEPVLCRVM DOMINI ; il en sort un linceul ; deux gardes sont renversés.

Sur le socle de ce même pilier, on a gravé l'inscription obituaire suivante :

✝ II KAL. OCT IOR
DAN. DEC. SCI TROPHIMI
ANNO DNI MCLXXXVIII.

Sur les chapiteaux de la première travée sont représentés :

1° La résurrection de Lazare ; Notre-Seigneur est au milieu, ayant à sa gauche sainte Marthe et un apôtre ; à sa droite, le tombeau ouvert, ayant au-dessous l'inscription : LAZARE.

2° Le sacrifice d'Abraham ; un ange arrête le bras du patriarche au moment où il va immoler son fils.

3° Le prophète Balaam sur son ânesse, l'ange armé d'une épée, le peuple d'Israël contre lequel Balac réclame des malédictions.

---

1. « Operarius » désigne le chanoine chargé de la direction des travaux.

Trois statues ornent le second pilier ; au milieu, saint Jacques le majeur, ou de Compostelle, accosté d'un pèlerin et d'un maure, représentant, le premier les chrétiens, et le second le joug musulman.

La seconde travée a deux chapiteaux avec sujet ; le troisième n'a que des sculptures d'ornement. Sur le premier, on voit l'apparition de trois anges à Abraham et à sa femme ; sur l'un des côtés, un serviteur porte sur ses épaules un veau dont la chair est destinée aux trois mystérieux voyageurs. Sur le deuxième, on reconnaît saint Paul et les aréopagistes.

Le troisième pilier, comme les autres, a trois statues : au milieu, Notre-Seigneur montre ses plaies à saint Thomas, placé à sa droite ; saint Jacques le mineur est à sa gauche ; il tient un livre où son nom est gravé : IACOBVS.

La dernière travée n'a qu'un chapiteau à sujet historique : Moïse y est représenté en présence de Dieu dans le buisson ardent, puis conduisant son troupeau, et enfin recevant les tables de la loi désignées par ces mots : TABVLA MOYSI.

2° GALERIE DE L'EST

Cette galerie a 28 mètres 20 de longueur ; elle est, d'après certains hommes de l'art, dans le style gallo-romain ; d'autres disent dans le « romano byzantin », qui servit de transition entre le roman et le gothique. La ressemblance des parties décoratives amène à fixer la date de cette galerie à la même époque que celle du porche de Saint-Trophime, c'est-à-dire vers la fin du XIIᵉ siècle. A cette époque, sous Pierre Aynard, le Chapitre embrassa la règle de saint Augustin (1186), et la suivit jusqu'en 1480, où il fut sécularisé par le pape Innocent VIII.

Sur le mur intérieur de cette galerie on voit deux écussons portant l'aigle impériale, souvenir de l'empereur

Henri VIII, qui autorisa le chapitre, en 1309, à la mettre dans ses armes.

Sur ce même mur sont gravées les trois épitaphes ci-après :

HIC REQVIESCIT DVRANDVS
SACERDOS. PRECENT-
OR ET CANONIC. R
SCI TROPHIMI QVI OBIIT
ANNO DNI MCCXII. VI K JV-
NII

ANNO DNI MCCXXXVIIII. VIII. ID.
NOVEMBRIS, OBIIT VILELMVS DE
MIRAMAS. ORATE PRO EO

III. ID SEPTEMBRIS OBIIT VI
LELMVS BQSO SACERDOS CA-
NONICVS RECVLARIS LT
PREPOSITVS SCI TROPHIMI
ANNO DNI MCLXXX PRIMO

Le long du mur se trouve adossée une statue d'apôtre, en deux parties rapprochées, qui ont été trouvées dans le Rhône à un siècle d'intervalle l'une de l'autre.

Cette 2e galerie, comme la 1re, se divise en trois travées, ayant chacune quatre colonnes jumelles ; sa voûte est à plein cintre ; au-dessous de la corniche sont sculptés les quatre animaux qui symbolisent les évangélistes, dans l'ordre suivant : le bœuf, l'homme, l'aigle et le lion. Sur les chapiteaux sont des sujets tirés exclusivement du Nouveau Testament.

Mais avant de les visiter en détail, voici le pilier d'angle, semblable au 1er, dont il est le pendant ; les sujets d'ornementation seuls sont différents. Les statues de St Paul tenant un rouleau à la main, et de St Mathieu occupent les angles extrêmes ; celle de St Etienne est à l'angle central ; le nom du saint SCS STEPHANVS est gravé sur son livre. Dans le panneau du côté nord, entre St Etienne et St Paul, est représentée l'Ascension de N. Seigneur ; la Lapidation de St Etienne remplit le panneau du côté opposé, entre St Etienne et St Mathieu.

Dans la 1re travée, les sujets sculptés sont : sur le 1er chapiteau, les mystères de la Nativité de Marie, de l'Annonciation, de la Visitation de la Ste Vierge et de la naissance de N. S. — sur le 2e chapiteau, trois aigles et un ange ; sur le 3e, le message des Anges aux bergers la nuit de Noël.

Le pilier qui suit portait jadis la représentation de la *flagellation* ; la place du Christ au milieu est vide (1) ; les angles sont occupés, l'un par Judas qui tient la bourse des 30 deniers, l'autre par un soldat armé d'un fouet. Un chevalier, combattant contre un ours, remplit la partie supérieure de ce même pilier.

Sur les chapiteaux de la 2e travée se trouvent : le massacre des Innocents, pleurés par Rachel ; Hérode, l'arrivée des Mages chez Hérode, leur sommeil et la fuite en Egypte.

Quand au 2e pilier, il est surmonté de l'Agneau et de la Croix de St Jean Baptiste ; sur les bas côtés sont deux personnages qu'on croit être Salomon et la reine de Saba.

Enfin, l'Adoration des Mages, l'entrée triomphale du jour des Rameaux, la Conversion de St Paul, les Apôtres sur le point de partir pour la conquête du monde, sont sur le chapiteau de la dernière travée. A la partie supérieure de la dernière moitié de cette galerie, sont figurées les Vierges sages, avec leurs lampes à la main, et les Vierges folles endormies, dont les lampes sont renversées.

Les deux galeries dont il nous reste à parler sont dans le style gothique, mais ne se ressemblent pas ; chacune

---

1. Cette statue est au Musée lapidaire ; elle n'y est pas à sa place.

a son caractère particulier. Commencées sous François de Conzié, qui gouverna l'église d'Arles du 31 janv. 1389, ou 17 oct. 1390, elles furent achevées sous l'administration de son successeur, Jean de Rochechouart; la galerie du couchant fut faite la première, vers la fin du XVIe siècle, et celle du midi suivit de bien près. Mais pour ne pas intervertir l'ordre de notre marche dans le cloître, nous allons décrire tout d'abord la galerie la moins ancienne.

3° GALERIE DU MIDI

Elle est du XVe siècle, de la période flamboyante, à l'ogive surbaissée; ses quatre travées sont marquées par des pilastres ornés de belles niches vides de leurs statues, et séparées par des colonnes géminées alternant avec un pilier. Sa longueur est de 23 m. 91. Quand il la fit construire, le Chapitre était à la veille d'être sécularisé, ou bien il le fut bientôt après son achèvement.

Voici d'abord le pilier d'angle : le 1er personnage qui se présente a son nom inscrit en caractères gothiques sur le livre de la loi qu'il tient entre ses mains; c'est le docteur GAMALIEL, maître de St Paul. Une coquille, probablement un bénitier, occupe le centre du pilier; en face est une citerne alimentée par les eaux pluviales amenées, pour l'usage des chanoines, par un chéneau, de la couverture du cloître et de ses dépendances. La margelle en marbre de ce puits est formée d'une colonne en marbre blanc prise au théâtre romain. Sur le panneau qui précède sont le lavement des pieds, la Cène et le baiser de Judas; le 2e panneau représente le baptême de N. S. et sa triple tentation, en trois compartiments.

Sur les chapiteaux en marbre d'un seul bloc, qui surmontent les colonnes jumelles, sont sculptés des sujets symboliques, destinés à l'enseignement des chrétiens et surtout à celui des religieux.

1° N. Seigneur debout donne ses enseignements à des religieux ; — 2° la Sainte Vierge tenant Jésus enfant dans ses bras, est invoquée par des religieux à genoux ; — 3° N. S. assis sur un trône est invoqué par des martyrs enchaînés et menacés par des bourreaux ; — 4° encore des bourreaux et des confesseurs de la foi qui recourent au Dieu de l'autel pour être fortifiés par l'Eucharistie ; — 5° la Providence divine symbolisée par une main étendue, veille sur les martyrs qui sont, les uns menés au supplice, les autres expirant, la corde au cou ; — 6° toujours des martyrs bénis cette fois par un évêque, qui personnifie l'Eglise.

Contre le mur intérieur sont des colonnes en demi-relief, dont les chapiteaux portent des figures qu'il est impossible de désigner avec précision. Quant aux écussons gravés sur la pierre, ils ont été apportés la plupart du pavillon de l'archevêché quand on l'a démoli et remplacé par l'Hôtel des Postes. Ce sont les blasons d'un certain nombre d'Archevêques d'Arles. Au centre s'ouvre une porte destinée à mettre en communication le cloître avec le dehors.

Au fond de la galerie se dresse un autel du XIIe siècle ; il est surmonté d'une niche où est l'image de la Ste Vierge. Il remonte à l'époque où la cour intérieure fut employée comme cimetière pour la sépulture des Chanoines (1182), ou bien, les galeries elles-mêmes ; alors on y célébrait l'office des morts. A la fin du XVIIe siècle J. B. de Grignan la fit réparer ; c'est pourquoi les armes de ce prélat ont été encastrées dans le mur voisin. Le nom de Galantier et la date 1749 sont gravés à côté pour rappeler le souvenir d'un prêtre qui mourut pendant qu'il y célébrait la messe.

4° GALERIE DE L'OUEST

Elle est la plus longue des quatre ; elle mesure

28 m. 73. Elle ressemble à celle du midi, sauf qu'elle n'a pas de pilastres, que les colonnes alternent toujours avec les piliers, et que les ornements des chapiteaux sont tous des sujets historiques. Ils sont assez connus pour qu'il suffise de les désigner par leur nom :

1° Lapidation de St Etienne ; — 2° Samson terrassant un lion, et Dalila coupant les cheveux au juge d'Israël ; — 3° Ste Marthe et la Tarasque ; — 4° Marie Madeleine répandant un riche parfum sur les pieds de N. S. chez Simon le Lépreux ; — 5° l'Annonciation ; — 6° le Couronnement de la Ste Vierge ; — 7° la Descente du Saint Esprit.

Le mur intérieur, beaucoup plus ancien que la galerie, a appartenu aux constructions primitives, ainsi que l'indique un arceau dont l'ouverture et le cintre ne répondent nullement à la galerie du xv⁰ siècle qui est gothique. L'épitaphe ci-dessous, placée contre ce mur en 1221, en fournit une preuve nouvelle :

ORATE

PRO EO

ANNO MCCXXI. IIII ID. OCTOB

OBIIT BERTRAND. DE ATHILLANO CANO

NIC REGVLARIS SCI TROPHIMI SACRISTA.

Le cloître de St Trophime a 325 mètres carrés de superficie. Il est entouré de tous les côtés, sauf vers le midi, de vastes constructions qui servaient soit de salle capitulaire, de réfectoire, de dortoir pour les Chanoines, soit peut-être encore de greniers pour y renfermer les produits de la dîme. Les salles intérieures sont voûtées ; la couverture extérieure est faite avec des dalles en pierre.

§ 3ᵉ. — LE PORTAIL

Généralement on considère le Porche de Saint-Trophime comme un arc triomphal élevé pour honorer les reliques translatées de St Honorat à St Etienne le 27 décembre 1152. C'est vrai, mais il est bon qu'on entende cet événement dans un sens assez large. En effet, M. Clair fixe la construction du Portail au XIIIe siècle sans hésiter (comptes-rendus du Congrès Archéol. tenu à Arles en 1876), au lieu que M. de Lasteyrie et M. Revoil, M. Labande et M. A. Véran donnent comme date 1180-90. Peut-être l'écart entre ces écrivains est-il moins grand qu'il paraît l'être tout d'abord, car ce « beau chef-d'œuvre dû à l'alliance fraternelle des deux grandes puissances de l'art plastique, l'architecture qui édifie, la sculpture qui décore », comme s'exprime M. Clair, a pu appartenir par sa construction à la fin du XIIe siècle, et, par sa décoration, au commencement du XIIIe s. On ne saurait d'ailleurs jamais renfermer strictement la marche de l'art dans le cycle des siècles qui ont une date initiale et une année finale. Pour l'art, les siècles sont pris dans un sens moral.

Donc, sans nous attarder à la recherche d'une date exacte tout à fait introuvable, abordons le sujet. « Pour l'architecte, dit M. Clair, le problème se bornait à substituer une porte monumentale à la porte simple et sans ornements d'une église mérovingienne. Le style byzantin fut choisi par lui. »

Un escalier de neuf marches aboutissant à un large pallier, présenta le double avantage de séparer l'église de la rue, et d'accroître la perspective monumentale; au fond, une baie de porte divisée par un trumeau en granit, surmontée d'archivoltes, accostée, à droite et à gauche, de deux ailes ou avant-corps avec faces de retour, reçut un couronnement arrondi en demi-cercle, symbole de l'éternité, et abrité par une corniche à double pente.

La tâche de l'architecte une fois achevée, le sculpteur vint donner la vie et le mouvement à la pierre, et attacher « une innombrable quantité d'ornements de toute espèce aux plis de cette robe si savamment ondulée. Des statues animèrent les portiques. L'œil est comme ébloui de cette magnificence. » (Mr Clair.)

Entrons dans quelques détails.

Toute l'histoire de l'humanité, depuis le paradis terrestre et la chute originelle, jusqu'au jugement dernier et à la sanction finale donnée au bien et au mal, avec des faits empruntés à l'Ancien et au Nouveau Testament, y est reproduite en trois grands tableaux dont nous allons donner un court aperçu :

1° Avant Jésus-Christ. — L'Ancien Testament a fourni tous les sujets de la 1re zone ; sur les retours sont représentés la chûte de nos premiers parents, leur déchéance physique dans un berger à peine vêtu, et leur déchéance morale plus profonde dans les vices figurés par des animaux hideux avec lesquels l'homme est en contact : Samson, l'image de la force, trahi par Dalila ; Daniel, l'innocence même, jeté dans la fosse aux lions par Cyrus ; des animaux s'entrégorgeant, symbole de l'homme tombé ; enfin le démon, maître du monde, tenant dans chacune de ses mains, par les pieds, un homme à la tête de bête, prêt à le jeter dans le feu de l'enfer.

2° Le règne du Christ dans le temps. — Les sujets du second tableau ont été puisés dans le Nouveau Testament, mais sans tenir compte de l'ordre chronologique. Sur la frise, on voit : le songe de Saint-Joseph, l'Annonciation, la Nativité, le message des Anges aux bergers, la Présentation de Jésus au temple, et la Purification de Marie ; les Mages guidés par l'étoile, introduits dans le palais d'Hérode, adorant ensuite l'Enfant divin dans la Crèche ; le massacre des Innocents, la fuite en Egypte.

De chaque côté et sur la façade sont trois belles colonnes en marbre qui reposent sur un soubassement uni, pareillement en marbre.

Dans l'entre-colonnement se trouvent représentés par des statues en pied, les Apôtres, et parmi eux saint Etienne et saint Trophime, les deux patrons de la basilique, l'un et l'autre témoins de J.-C., le 1er par le martyre, et le second par la prédication de l'Evangile.

Saint *Trophime* occupe l'angle central du côté droit du portail ; il tient la crosse et porte la mitre, insignes de l'épiscopat ; sur son pallium est gravé le distique suivant, dans le sens vertical :

Cernitur eximius vir XPI discipulorum
De numero Trophimus hic septuaginta duorum.

A la gauche de saint Trophime sont : Saint *Jean*, dont le livre fermé porte ces mots : XPI DILECTVS IOES EST IBI SECTVS ; — Saint *Pierre*, tenant un livre sur lequel est gravée cette inscription : CRIMINIBVS DEMPTIS RESERAT PETRVS ASTRA REDEMPTIS.   .

A droite de la statue de Saint-Trophime, et sur la façade, on voit : Saint *Jacques*, avec un livre fermé, sur lequel on lit simplement : SCS IACOBVS ; — sur le livre ouvert de Saint *Barthélemy*, le nom de l'apôtre occupe les deux feuillets : SCS BARTOLOMEVS.

Saint *Etienne* est à l'angle central du côté gauche, et fait vis-à-vis à Saint Trophime. Il est représenté à genoux, les bras levés vers le ciel, rendant le dernier soupir ; son âme, figurée par un jeune enfant qui paraît sortir par la bouche du saint, est reçue dans un linge blanc par deux Anges qui l'introduisent devant le Seigneur. Sur l'épaule gauche du martyr on lit : PRO XPO SCS STEPHANVS (la suite est illisible) ; avec un peu de bonne volonté, on croit pouvoir écrire : ANIMAM SVAM POSVIT.

A la droite du martyr, en se rapprochant de la porte, on voit d'abord saint *André*; sur son livre était gravée une inscription devenue depuis longtemps impossible à lire, mais la **représentation** de cinq pains fait recon-

naître dans la statue l'image de l'Apôtre qui, au moment
de la multiplication des pains, dit à N. S. : « Il y a ici un
jeune homme qui a cinq pains d'orge et deux poissons. »
(En Saint-Jean, chap. 6. v. 9).

Tout à fait vers la porte se trouve saint *Paul*, l'apôtre
des nations, en face de saint Pierre ; de son épaule gauche se déroule un parchemin sur lequel on lit :

LEX MOISI CELAT QVE PAVLI SERMO REVELAT, NAM
DATA GRANA SINAI PER EVM SVNT FACTA FARINA.

Passons à la gauche de Saint-Etienne, et nous y trou-
vons 1° Saint *Jacques*, un livre ouvert dans les mains,
sur lequel est son nom : SCS IACOBVS ; 2° Saint *Philippe*,
dont le livre est fermé ; on lit sur la couverture : SCS
PHILIPPVS.

Tous ces personnages ont le visage, les mains et les
pieds ciselés à la perfection. Sous leurs pieds nus sont
des lions et des méandres qui figurent les hérésies écra-
sées par ces hommes apostoliques, dont la bouche a
annoncé la doctrine contenue dans le livre des Evangiles appuyé religieusement sur leur cœur. Le marbre a
été seul employé pour les statues, comme pour les colonnes. les chapiteaux et le soubassement du Porche.

3° Règne de J. Christ dans l'éternité. — Au centre
du tympan, N. S. est sur un trône avec la majesté du
juge ; le livre des Evangiles est supporté par les quatre
animaux qui sont les emblêmes des quatre évangélistes,
et qui entourent le Maître ; à ses pieds sont assis les 12
apôtres qui vont, avec leur divin chef, juger les vivants
et les morts de toutes les tribus, convoquées à ces suprê-
mes assises par la trompette angélique. Trois anges
sont chargés de provoquer ce réveil universel ; ils sont
placés au sommet du triple cordon d'esprits célestes qui
forme comme une riche couronne autour du Roi de gloire. Pour mieux caractériser cette scène grandiose, et

pour en bien démontrer le sens, saint Michel tient, au-dessus du juge souverain, la balance de la justice, représentée par une petite poulie suspendue aux doigts de l'Archange.

Le mérite des âmes a été compté, pesé, jugé.

A gauche du Sauveur et des Apôtres, tout à fait à l'extrémité, les damnés enchaînés, nus et plongés jusqu'à mi-corps dans les flammes de l'enfer, vont subir le châtiment dont ils sont frappés à cause de leurs crimes. Là où leur longue chaîne s'arrête, commence le purgatoire, où sont retenues des âmes moins coupables, et qui vont y achever d'expier les fautes déjà pardonnées par la miséricorde de Dieu. Une porte placée dans l'angle, docile à une main qui la dirige, s'ouvre ou se referme pour laisser sortir les âmes purifiées et en admettre d'autres. Les justes du purgatoire sont habillés, contrairement aux habitants de l'enfer.

Enfin, à droite du sacré tribunal, sont placés les élus qui, après avoir reçu la bénédiction du Sauveur, avec l'invitation d'aller dans le royaume de son père, vont en paradis, avec des traits d'enfants que l'Ange de Dieu précède, et que se transmettent les patriarches, jusqu'à leur entrée dans la cité céleste, où ils portent de riches vêtements, symbole de leurs mérites et emblême de leur gloire : leur bonheur est complet.

Tel est le drame sculpté sur la pierre et sur le marbre du Porche de Saint-Trophime, depuis plus de 800 ans, toujours beau, toujours provoquant l'admiration, et toujours instructif, car les scènes qui y sont représentées sont perpétuellement vraies. Dans le détail, on peut y trouver des parties plus ou moins bien traitées, mais l'ensemble est saisissant. On se trouve en présence d'un chef-d'œuvre, dont la construction embrasse une suite de nombreuses années, et dont l'auteur est resté anonyme, comme il arrive souvent au vrai mérite.

CONCLUSION.

Un de nos chroniqueurs français a dit avec justesse que les « évêques ont fait la France, comme les abeilles font la ruche. » Au moment de quitter la basilique Primatiale Saint-Etienne-Saint-Trophime, volontiers nous faisons notre cette comparaison, toute proportion étant gardée d'ailleurs, et nous disons : « Cette église a été faite par les évêques d'Arles, comme la ruche l'est par les abeilles. » Et encore, Michelet fait remarquer que tout grand siècle historique qui se déroule a un illustre saint à la tête du mouvement qui l'a rendu célèbre. De même chacune des églises que nous avons vu se succéder depuis 20 siècles a eu pour fondateur un saint ; *Saint Trophime* procura à la ville d'Arles l'*Oratoire de Saint-Etienne* au Ier siècle ; *Saint Marin* fit bâtir la basilique constantinienne *Saint-Etienne* au IVe siècle ; *Saint Virgile* attacha son nom à la construction de la *Primatiale* au VIIe siècle ; enfin le *Bienheureux Louis Allemand* laissa un souvenir impérissable de sa générosité en ajoutant le *chœur gothique* à la nef romane.

Elle mérite donc d'être connue cette Eglise, comme elle est aimée et admirée. Notre grand poëte, l'Homère de la Provence, Mistral a dit :

Cante uno chato de Prouvenço...

il l'a chantée, sa Mireille, en un splendide poème, qui lui a valu l'admiration des gens de lettres du monde entier, et du peuple aussi, depuis 50 ans, et les applaudissements surtout des Provençaux, en particulier le jour où l'on vient de dresser sa statue sur la *Place des Hommes*. Or, le poète a conduit son héroïne sous les voûtes de Saint-Trophime, sous ces voûtes qui ont assisté aux cérémonies les plus ravissantes, au sacre des évêques, des rois et des empereurs, au mariage des princes ; qui ont été visitées par des souverains, des cardinaux et des papes ; qui ont vu se former les cortèges les plus brillants ; sous ces voûtes antiques, « la chatouno de Prouvenço » est allée prier, et quand elle a eu franchi le Portail de Saint-Trophime, les Saints qui étaient restés les témoins muets de toutes ces grandeurs, d'après le poète inspiré :

> Li sant de peiro amistadous
> Avien pres la chatouno en graci,
> E quand, la niue, lou tems es dous,
> Parlavon d'elo dins l'espaci.

Aimable visiteur de Saint-Trophime, qui que vous soyez, arlésien, provençal, français ou bien étranger, savant, archéologue, ouvrier, curieux, ou simple Mireille aux prises avec les peines de la vie, venu prier le Dieu de Trophime, ou seulement admirer la parure de son Eglise, qui, elle aussi, est « fille de la Provence », laissez-moi vous exprimer mon désir, et veuillez l'agréer, car, s'il se réalise, les *Saints du Portail* vous prendront en grâce à votre passage sous cet arc triomphal, et continueront de parler en bien de vous après que vous aurez franchi le seuil de Saint-Trophime.

ERRATA

Page 55, lignes 9-10, au lieu de : « deffendre » — lire « *deffendu* ».

Page 68, ligne 14, au lieu de : « 1793, après le 9 thermidor » — lire 1794, le 27 juillet. »

Page 88, lignes 19 et 26, au lieu de : « *Germinus* » — lire « *Geminus* ».

Page 88, ligne 29, au lieu de : « MTT » — lire « M H ».

Page 91, ligne 25, au lieu de : « *Rodolphis* » — lire « *Rodulphis* ».

Page 128, ligne 13, au lieu de « *Camemarii* » — lire « *Camerarii* ».

Page 143, ligne 16, au lieu de : « *Recularis* » — lire « *Regularis* ».

TABLE DES MATIÈRES

Bergerac. — Imp. Générale du Sud-Ouest (J. Castanet)

PLACE DES DEUX-CONILS